잠시만

들어보자고요

TSUNAGARANAI RENSHU

Copyright © 2021 by Mifuyu ANDO
All rights reserved.
Illustrations by Nobue MIYAZAKI,Tomoe MIYAZAKI(STOMACHACHE.)
Design by Shiori KIRAI(entotsu)
First original Japanese edition published by PHP Institute, Inc., Japan.
Korean translation rights arranged with PHP Institute, Inc.
through Danny Hong Agency

정말 소중한 것과 이어지기 위한 47가지 방법

잠시만
끊어보자고요

송현정 옮김

안도 미후유 지음

FIKA

우리는 지금 너무 많이 이어져 있다.

마음을 좀먹는 SNS와 쓸데없이 많은 정보, 인간관계까지.

이 중 내게 정말 필요한 것은 얼마나 될까?

많은 것과 '연결'되어 있는 지금이야말로 '끊어내기'가 필요한 때다.

그러나 이 책의 목적이 '끊어내기'는 아니다.

진짜 소중한 것과 이어지기.

이것이 이 책의 진짜 목적이다.

들어가는 말

현대인을 괴롭히는 '스마트폰 중독'과 'SNS 피로 증후군'

2010년대에 일어난 가장 놀랄 만한 혁명은 누가 뭐래도 '스마트폰 혁명'이다. 스마트폰 혁명으로 누구나 정보를 받기만 하는 입장에서 전달하는 입장이 될 기회를 갖게 되었다. 유튜버, 인스타그래머, 인터넷 방송 진행자 등 온라인상에서 자신만의 캐릭터와 화술로 돈을 버는 사람들이 생겨났고, 새로운 직업들이 탄생했다. SNS에서 유명 연예인 뺨칠 만큼의 팔로워 수와 인기를 얻은 다음 그 인지도를 바탕으로 막대한 돈을 쓸어 담는 사람도 있다. 당신이 올린 게시글 하나가 사람들의 주목을 받고 커다란 파도가 되어 여론을 움직인다. 꿈만 같은 이야기지만 그런 일도 얼마든지 가능하다.

누구라도 여섯 명만 거치면 전 세계 모든 사람과 연결될 수 있다는 '6단계 분리 이론six degrees of separation'처럼 SNS만 있으면 같은 연결고리를 가진 사람을 통해 전 세계 사람들과 이어질 수 있고, 인터넷만 있으면 동서고금의 정보를 순식간에 찾아볼 수도 있다.

스마트폰은 21세기의 인프라이자 영향력 있는 무기이며 꿈을 현실로 만드는 도구임과 동시에 당신과 사람, 그리고 사회를 연결하는 파트너이기도 하다. 하지만 우리를 병들게 하고 괴롭히는 것 역시 스마트폰이다. '스마트폰 중독'과 'SNS 피로 증후군'이 대표적인 예라 할 수 있다.

온종일 누군가와의 연결과 무차별적으로 밀려 들어오는 정보로 마음이 피폐해지는 와중에도 우리는 스마트폰 화면에서 잠시도 눈을 떼지 못하고 있다. 최근에야 비로소 스마트폰 중독의 위험성을 경고하는 목소리가 높아지고 있지만, 괴로워하는 사람들의 절박한 고민과 잠재적 고통에 비하면 아직은 턱없이 부족한 수준이다.

더 많은 '연결'이 미덕으로 여겨지고 더 많은 정보가 사회 안전 망의 역할을 하는 요즘 같은 세상에 SNS와 정보, 인간관계를 선별해야 한다고 주장하는 목소리는 묻힐 수밖에 없는지도 모른다.

'SNS 전도사'가 스마트폰을 버린 이유

2010년대 초, 나는 트위터와 페이스북 같은 1인 미디어를 통해 인생이 바뀌어버린 사람 중 한 명이다. SNS에 올린 게시글을 통해 소중한 인연을 만났고 새로운 일을 시작하게 되면서 TV를 비롯한 각종 방송 매체에 출연하는 기회를 얻었다. 내가 나온 방송들이 입소문을 타고 퍼지기 시작하자 트위터 계정의 팔로워 숫자는 순식간에 수만 명을 넘어섰고 매일같이 온갖 이메일과 메시지, 팔로우 요청이 쇄도했다. 어느 날은 단 몇 시간 만에 페이스북 친구 신청이 폭발적으로 늘어나서 '★' 마크(아마도 친구 신청이 천 명을 넘어가면 뜨는 표시)가 뜨기도 했다.

들어가는 말

평범하던 무명의 회사원이 퇴사한 지 고작 1년 반 만에 각종 잡지와 인터넷에 칼럼을 연재하고 시사 프로그램에 패널로 출연하는 것도 모자라 연일 각종 미디어와 인터뷰며 대담을 하고 대중을 상대로 강연을 하는 나날을 보내게 된 것이다.

조직에 소속되지 않은 채 개인의 능력으로 일하는 사람을 뜻하는 단어인 '프리랜서'는 자유롭게 일하는 사람을 가리키는 대명사로 쓰인다. 무료 와이파이가 보편화되고 공유 오피스가 전국 각지에 생겨난 것과 더불어 기업들도 재택근무, 스마트워킹을 적극적으로 추진하면서 카페에서 노트북을 펼쳐놓고 일하는 노마드 워커도 심심치 않게 볼 수 있게 되었다. 이러한 사회 변화에 내가 조금이나마 일조했는지는 모를 일이지만, 어쨌든 당시 나는 젊은 세대에게 삶의 방식과 일하는 방식에 대한 새로운 인식을 불어넣고 SNS 사용을 적극적으로 권장하는 'SNS 전도사'였다.

그런데 그로부터 수년이 지나면서 내 마음과 생각에 많은 변화가 생겼다. 2017년에는 인터넷과 조금씩 거리를 두기 시작했고, 이듬해에는 모든 SNS에서 탈퇴했다. 가능한 한 스마트폰을 사용하지 않기 위해 노력했고, 인터넷 사용 시간도 줄여 나갔다. 내가 이렇게 한 데는 세 가지 이유가 있었다.

① 자유로운 시간이 줄었다

나는 하루에 평균적으로 대여섯 시간 동안 컴퓨터나 스마트폰으로 인터넷에 접속해 있었다. 인터넷을 하지 않는 시간조차 내가 올린 게시글에 대한 반응과 댓글에 온 신경이 쏠려서 일과 사생활에서 모두 현재에 집중할 수 없었다. SNS에 글을 올리는 것도 업무의 일환이라고 여겼기에 큰 잘못이라고 생각하지 않았지만, 그러는 사이 SNS는 어느덧 '내 생활 그 자체'가 되어버렸다.

② 마음에서 우러나오는 글을 올릴 수 없게 되었다

팔로워 수가 늘고 인지도가 높아지면서 이전처럼 내 마음대로 글을 쓸 수 없었다. 고민에 고민을 거듭하고 게시글을 올려도 까딱 잘못하면 손가락질당하고 비난받을지도 모른다는 불안이 늘 머릿속에 맴돌았다. 이런 상태가 계속되자 즐겁기만 했던 SNS가 점점 두려워지고, 대체 무엇을 위해 글을 쓰고 있는지조차 알 수 없었다.

③ '만들어진 세계'에 대한 위화감이 들었다

내가 올린 게시글뿐만 아니라 다른 사람이 올린 것도 마찬가지였다. 흑백이 모호한 글이나 사소한 거짓말, 겉보기에 번지르르하게 꾸며진 모습들. SNS 속에 가득한 '만들어진 모습'에 질려버렸다. 인터넷상에서 진실한 관계를 만들기란 불가능에 가깝다는 사실을 깨달은 후, 막대한 에너지를 쏟아부으면서까지 SNS를 해야 할 의미가 없어졌다.

SNS를 그만두고 깨달은 좋은 점

물론 그렇다고 해서 바로 칼같이 SNS와 인터넷 세계를 끊어버릴 수는 없었다. SNS를 그만둘 때 가장 걱정되었던 건 연결을 통해 얻었던 기회를 잃을 수도 있다는 점이었다. 실제로 SNS를 하지 않게 되자 내 세계가 갑자기 엄청 좁아진 것처럼 느껴졌다. 현실 세계에서 연결된 사람이라고는 친구와 일 때문에 알게 된 사람이 전부였으니 어쩌면 당연한 일이었는지도 모른다. 이 말은 곧 SNS를 하지 않으면 금방 끊어질 인간관계가 그만큼 많았다는 의미이기도 했다. 새삼 '진짜 연결'이란 무엇일까를 고민하게 되었다.

내가 SNS를 그만둔 전후에 일어났던 여러 가지 일들은 뒤에서 좀 더 자세히 살펴보기로 하고, 여기서는 일단 내가 스마트폰을 멀리하고 SNS를 끊고 나서 느낀 장점을 써보려 한다.

① 자유시간이 늘었다

SNS와 인터넷을 하는 시간을 줄이자 하루에 제법 많은 여유시간이 생겼다. 평균적으로는 2~5시간 정도 되려나. 갑자기 하루가 24시간이 아닌 36시간처럼 느껴졌다. 그리고 이렇게 늘어난 시간에는 무얼 하든 내 자유다.

② 마음에 여유가 생겼다

다른 사람이 올린 게시글 때문에 마음이 찜찜하거나 상대방과 나를 비교하며 풀이 죽는 일이 적어지고 '어떤 글을 올릴까?' 하고 고민할 필요도 없어졌다. 나는 나, 너는 너라는 지극히 당연한 사실을 새삼 느끼며 보다 나답게 살 수 있게 되었다. 소중한 사람과의 대화에 귀를 기울이고 여행을 하면서도 오롯이 여행을 만끽했다. 그러자 매일 똑같게만 보이던 일상의 풍경이 달라졌다. 출퇴근길에도 하늘을 올려다볼 여유가 생겼고, 아무 감흥 없이 지나치던 거리의 나무와 꽃을 보며 감탄하는 감성을 되찾았다.

③ 쓸데없는 인간관계가 사라졌다

인간관계 대부분이 사실은 있어도 그만, 없어도 그만일 뿐이라는 사실을 알았다. 지금 내 주위에는 SNS로 연결되어 있지 않아도 만나고 싶고 연락하고 싶은 사람들만 남아 있다. 진심으로 연결되고 싶다는 마음만 있다면 이메일이나 메신저, 전화, 함께 아는 친구 등을 통해서 얼마든지 연락할 수 있으니까 말이다.

④ 다른 사람과 비교하지 않는다

인정욕구와 SNS는 떼려야 뗄 수 없는 관계처럼 보이지만 꼭 그

렁지도 않다. 사람들은 누구나 '다른 사람에게 인정받고 싶다'는 마음을 가지고 있지만, SNS라는 한정된 세계에서 인정받는다고 과연 인정욕구가 채워질까? 현실 세계에서 자신의 업무 성과나 작품을 인정받고 사랑하는 이로부터 인정받는 것이 훨씬 보람차고 기쁘지 않을까. 물론 SNS에서 인정받는 게 훨씬 쉬울지 모른다. 하지만 진짜 의미 있는 인정이 뭘까 조금만 생각해보면 SNS에 올라오는 꾸며낸 사진이나 호화로운 생활 모습을 봐도 전혀 대수롭지 않아진다.

⑤ 직감이 날카로워지고 영감이 떠오른다

현대 사회를 살아가는 사람들은 너무 많은 정보를 받아들이고 수많은 인간관계에 신경 쓰느라 머리가 깨지기 일보 직전이다. SNS와 정보, 인간관계에서 비롯한 부정적인 감정은 스트레스로 이어진다. 스트레스를 줄이면 훨씬 마음이 편안해지고 머리가 맑아진다. 더불어 날카로운 직감과 영감도 덤으로 따라온다.

⑥ 활기가 생기고 진짜 하고 싶은 일을 하게 된다

자유시간이 늘어나고 마음의 여유가 생기면 지금까지 이런저런

일 때문에 에너지를 소모하던 몸과 마음에 활기가 돌기 시작한다. 고민하느라 낭비하던 에너지를 '내가 진짜 하고 싶은 일'에 쓸 수 있다.

모든 것을 끊어버리는 올 디톡스all detox가 아니어도 괜찮다. 장점이 이렇게나 많다고 이야기해도 당신이 지금 당장 손에서 스마트폰을 내려놓지 못할 거라는 사실을 나는 너무나 잘 알고 있다. 나 역시 하루 평균 대여섯 시간, 많을 때는 열 시간이 넘게 스마트폰을 하면서 '아, 그만해야 하는데…' 하고 죄책감에 시달린 적이 한두 번이 아니기 때문이다. 아무런 준비 과정 없이 갑자기 올 디톡스에 들어가면 부담스러운 마음만 커지고 뇌도 거부반응을 일으킬지 모른다. 욕심내지 말고 조금씩 천천히 개선해 나가면 된다.

이 책의 목적은 쓸데없는 것들을 '끊어내고' 정말 소중한 것과 '이어지는' 데 있다. 그래서 전반부인 1장부터 5장까지는 SNS나 정보, 인간관계처럼 지금까지 이어져 있던 것들을 끊어내는 방법과 함께 상식에 얽매이지 않고 부정적인 감정을 버리는 '이어지지 않는 연습'에 대해 말한다. 그리고 6장과 7장은 '이어지는 연습'을 주제로 자신의 마음과 더불어 진짜 소중한 것과 이어지는 방법을 이야기한다. 지금부터 소개할 방법으로 자신의 마음과 영역을 지켜 나가면서 즐겁게 나다운 삶을 살 수 있기를 진심으로 바라본다.

차례

제1장

SNS를 끊는 연습
내 마음을 지키는 방법

이 책을 읽을 땐 이렇게!

1. 조용한 장소에서 읽기

자신의 방이나 한적한 여행지처럼 되도록 말소리가 들리지 않는 공간에서 읽기를 추천한다.

2. 차분한 마음으로 읽기

초조하거나 짜증이 날 때, 너무 지쳐서 아무것도 하기 싫을 때는 무리해서 읽지 않는다.

3. 여유롭게 한 장 한 장 읽기

한 번에 끝까지 읽지 않아도 괜찮다. 며칠이 걸려도 좋으니 자신의 속도에 맞추어 천천히 읽자. 어디든 읽고 싶은 부분부터 읽어도 상관없다.

4. 내 마음과 대화하며 읽기

이 책을 읽다 보면 마음이 요동칠 때가 있을지도 모른다. 읽다가 어수선한 기분이 들거나 반대로 마음이 차분해지는 부분을 발견하면 조금 더 찬찬히 들여다보며 내 안에 떠오르는 진심과 의문, 깨달음에 집중해보자.

5. 내가 할 수 있는 것만 하며 읽기

책에서 이야기하는 것을 모두 꼭 지켜야 한다거나 반드시 실천에 옮겨야 하는 것은 아니다. 공감하고 싶은 부분에만 공감하고, 할 수 있을 것 같다고 생각되는 부분만 연습하면 충분하다.

제1장

SNS를 끊는 연습

내 마음을 지키는 방법

○

다른 사람이 올린 게시물 때문에 마음이 불편하거나

누군가와의 연결이 성가시게 느껴지기 시작했다면

그것은 마음이 당신에게 보내는 '경고'다.

'SNS 피로 증후군'에서 벗어나기

○
○
○

20세기까지만 해도 정보 전달은 언론과 일부 지식인, 유명인들에게만 허락된 역할이었다. 하지만 요즘에는 연예인 뺨치는 인기를 자랑하는 일반인도 대중에게 정보를 전달할 수 있게 되었다. 그들은 SNS를 통해 인지도와 영향력을 얻은 것은 물론이고 막대한 수입과 두터운 팬층까지 확보했다.

적게는 수십만 명에서 많게는 수백만 명에 이르는 팔로워를 거느린 그들이 즐겨 쓰는 상품은 날개 돋친 듯 팔려 나가고 그들의 말 한마디에 여론이 들썩이기도 한다. 사람들이 많이 보는 인터넷 검색 사이트만 봐도 인플루언서들의 소식이 방송국, 신문사에서 올린 기사와 함

께 버젓이 올라와 있을 정도다. 물론 그만큼 영향력이 있고 많은 사람
이 보기에 가능한 일이기는 해도 예전에는 상상도 할 수 없던 일이다.

요즘 십 대들은 인플루언서를 장래희망으로 꼽기까지 한다. 아이
들이 SNS에서 정보를 전달하는 일을 어엿한 하나의 직업으로 생각
하고 있다는 뜻이다. 이렇게 SNS는 개개인의 생활을 화려하게 변화
시킨 반면, 언제 어디서나 누군가와 이어져 있다는 특성 때문에 스트
레스가 되기도 한다. 심한 경우에는 'SNS 피로 증후군'이나 '소외불
안 증후군'과 같은 질병을 일으키기도 한다.

SNS는 우리에게 지금까지 볼 수 없었던 타인의 생활을 적나라하
게 보여준다. 내 또래인데 엄청난 부를 갖고 있고 인기도 많은 사람,
꿈을 이루고 큰 성공을 거둔 사람, 보기만 해도 풍족하고 행복해 보
이는 가정생활을 누리는 사람까지. 한 번쯤은 그들의 게시물을 보고
왠지 모르게 찜찜한 기분이 든 적이 있을 것이다.

누구나 SNS에서 정보를 전달할 수 있게 되었다는 말은 즉, 다른

사람들도 나의 일거수일투족을 얼마든지 볼 수 있게 되었다는 의미이기도 하다. 무엇을 하고 무슨 생각을 하고 어떤 사람과 만나고 어떤 생활을 하고 있는지까지 전부, 그저 보이는 것에서 그치지 않고 평가받고 판단되고 언제 어떻게 사람들의 입방아에 오르내릴지 모를 위험마저 있다.

SNS를 처음 시작하면 누군가와 이어져 있다는 것에 마냥 즐거울지 모른다. 그러다가 다른 사람이 올린 게시물 때문에 마음이 불편해지거나 누군가와의 연결이 성가시게 느껴지기 시작했다면, 그것은 당신의 마음이 보내는 경고다. 나 자신을 되돌아보고, 변화를 고민할 때가 왔다는 신호이기도 하다. 그럴 때는 가장 먼저 당신의 '현재 위치'를 파악하자. 그리고 SNS와의 적정 거리와 사용 방법에 대해 다시 한번 생각해보자.

☑ SNS의 장점과 단점을 적어보자. 나와 SNS와의 거리가 너무 가깝지는 않은지, 더욱더 바람직한 사용법은 없는지도 생각해보자.

언제 어디서나 누군가와 이어져 있는 느낌이 늘 즐겁지는 않다.

인터넷 서비스 불가 지역으로!

○
○
○

요즘은 전 세계 어디를 가도 인터넷이 된다. 길거리 곳곳 어디서든 무료 와이파이를 사용할 수 있고, 심지어 사하라 사막에 가도 인터넷이 터진다니 참 편한 세상이다. 이러니 이제 인터넷을 사용할 수 없다는 것이 불편하다기보다 '귀중한 경험'처럼 느껴진다. 오죽하면 한 여행사는 인터넷이 터지지 않는 외딴섬으로 떠나는 여행 상품을 '인터넷 불가 여행'이라는 이름을 붙여 팔았고, 스마트폰 사용과 TV 시청이 금지된 숙박 시설이 화제가 되기도 했다.

나도 얼마 전에 아주 귀중한 경험을 했다. 세계 일주 유람선 '피스보트PEACE BOAT'(세계 평화와 인권 증진, 환경 보호 등을 목적으로 1983년

설립된 일본의 국제 시민단체로 매년 2차례 승객 500여 명과 함께 배로 세계 일주를 하며 다양한 활동을 펼친다―옮긴이) 안에서 강연자로 참가했을 때의 일이다.

바다 위에서도 위성 회선을 통해 인터넷을 쓸 수 있기는 했지만, 요금이 비싸고 회선도 불안정하여 위성 회선 연결이 불가능한 지역을 통과할 때면 며칠 동안 인터넷이 아예 먹통이 되기 일쑤였다. 그래서 나는 이럴 바에야 차라리 배에 있는 동안 인터넷 없이 지내보자고 결심했다. 이렇게 의도치 않았던 3주간의 인터넷 불가 여행이 시작되었다.

인터넷 없이 지낸 지 사흘이 지나고, 일주일이 지나자 나는 이 이상한 환경에 완벽히 적응했다. 그리고 문득 이런 생각이 들었다. '나는 도대체 왜 그렇게 SNS 업로드에 열을 올렸을까?' 배에 타기 바로 직전까지도 나는 "여권과 함께 공항으로 향하고 있습니다!", "미국에 도착했습니다", "지금 멕시코에 왔어요"라는 글을 틈날 때마다 올렸는데 이게 이상하거나 잘못된 행동이라고는 손톱만큼도 생각하지 않았다. 이것 또한 업무의 일환이라고 생각했으니 어찌 보면 당연한 일이기도 했다. 하지만 배에 타고 나서야 깨달았다. 쉬는 시간에 잠시 짬을 내서 갑판에 나가 유유히 해수면을 가르며 나아가는 배 뒤로 이어지는 물살의 흔적을 눈에 담고, 드넓게 펼쳐진 파란 하늘을 바라보며 뺨에 부딪히는 바람을 느끼고 있자니 그까짓 SNS 업로드쯤이야 해도 그만, 안 해도 그만이라는 생각이 들었다.

배는 비행기보다 스물네 배나 느리다고 한다. 비행기로 한 시간이면 갈 거리가 배로 가면 꼬박 하루가 걸린다는 말이다. 하지만 배를 탄 사람들 가운데 속도가 느리다고 화내는 사람은 아무도 없다. 이렇게 유유히 나아가는 배처럼 때로는 천천히 느긋하게 일상을 보내보면 어떨까. 한 달에 딱 하루만이라도 좋으니 스마트폰은 집에 두고 외출해보자. 인터넷 지도도 볼 수 없고 맛집 검색도 할 수 없지만, GPS가 당신의 동의 없이 멋대로 당신이 있는 장소를 감지할 걱정도 없다.

스마트폰 화면 대신 눈앞에 펼쳐진 풍경을 감상해보자. 항상 걷던 등굣길, 익숙한 교차로, 담장 위에서 일광욕을 즐기는 길고양이.

매일 지나치는 평범한 골목길을 평소와 다른 시선으로 보면 이전에는 보지 못했던 것들을 볼 수 있다. 나도 모르게 가슴이 두방망이질 할 정도의 아름다움을 발견할지도 모른다. 특별할 것 없다며 무심히 지나쳤던 모든 것들도 편견을 버리고 다시 살펴보면 그제야 자신의 진짜 모습을 보여준다.

☑ 잠시 스마트폰을 두고 밖으로 나가 인터넷 없는 하루를 만끽해보자.

잠시만 끊어보자고요

딱 한 걸음만 떼어도 스마트폰 속에는 없는 '진짜 세계'가 펼쳐진다.

스마트폰과 멀어진 뒤 비로소 알게 된 것

○
○
○

예정에 없었던 3주간의 인터넷 불가 여행에서 돌아온 후, SNS로 향했던 내 관심과 열정은 급격하게 식어버렸다. 매일매일 정해진 일과처럼 올리던 무의미한 근황 알림과 업무 관련 홍보는 물론이고 온라인상의 만남에도 예전만큼의 가치를 느낄 수 없었기 때문이다. 물론 내가 인플루언서로서 다양한 일을 하게 된 건 온전히 SNS 덕분이었다. SNS에 올린 게시물들로 영향력과 발언 능력을 인정받아 다양한 일을 할 수 있었고, 여러 유명인을 비롯해 팬이라고 말해주는 사람들과 만날 수 있어 행복했다. 하지만 이것도 업무의 일환이라며 자신을 속이면서까지 어마어마한 시간과 에너지를 SNS에 쏟아붓고 있었던 것 또한 부정할 수 없는 사실이다.

하루에 여섯 시간이 넘도록 스마트폰을 붙들고 지낸 지도 어느새 8년. 나는 틀림없는 '스마트폰 중독'이었다. 아니, '인정욕구 의존', '연결 의존'이라고 부르는 것이 더 정확하려나. 나의 SNS를 좋아해주는 분들이나 관련 업무를 생각하면 선뜻 마음을 정하기 어려웠다. 그러나 결국 나는 인터넷 없는 세계에서 살아가기로 마음을 굳혔다. 나의 '진짜 마음'을 따르기로 했다.

오랫동안 의존했던 SNS를 당장 끊어내기란 결코 쉽지 않았다. '절대 페이스북을 보지 않을 거야!'라고 다짐해도 마치 파블로프의 개처럼 아침에 일어나자마자 스마트폰을 손에 들고 페이스북 앱을 여는 내가 있었다.

오늘도 열심히 SNS에서 활동하는 친구들이 눈부시게 빛나는 게시물을 업로드하는 모습을 상상하는 것만으로도 '나 혼자만 뒤처지면 어쩌지' 하는 불안감에 휩싸이기도 했다. 그랬던 내가 SNS를 완전히 끊을 수 있었던 것은 꼬박 2년에 걸쳐 세 가지 단계를 차근차근 밟아 나간 덕분이다.

> 1단계 : 사용 시간을 제한한다.
>
> 2단계 : 스마트폰에서 앱을 삭제한다.
>
> 3단계 : SNS 계정을 삭제한다.

가장 먼저 한 일은 **사용 시간 제한**이다. 아침 기상 후 한 시간과 취침 전 한 시간은 무조건 스마트폰을 '비행기 모드'로 설정하고 SNS뿐만 아니라 인터넷 자체에 들어가지 않았다. 그리고 쉬는 날에는 '오전 중에는 SNS 보지 않기', '오후 한 시부터 네 시까지 보지 않기'처럼 오프라인에서 보내는 시간을 조금씩 늘려 나갔다.

다이어트와 같은 원리라고 생각하면 쉽다. 살을 빼겠다고 갑자기 밥을 아예 먹지 않거나 급격하게 식사량을 줄이면 오히려 배가 더 고파지기 마련이다. 마찬가지로 SNS를 사용하는 시간을 처음부터 완전히 없애지 말고 비행기 모드 시간을 차차 늘려감으로써 스스로를 '이어지지 않은 생활'에 서서히 적응시키는 게 중요하다.

포기하지 않고 애쓴 덕분인지 반년이 지날 무렵에는 이어지지 않은 생활에 제법 익숙해졌다. 이렇게 충분히 적응 기간을 거친 다음 '스마트폰에서 앱을 삭제' 하는 2단계로 넘어갔다. 트위터, 페이스북, 인스타그램, 블로그 등 다른 사람과 연결되는 앱을 스마트폰에서 전부 삭제했다. 단, 최후의 수단은 남겨두었는데, 바로 컴퓨터에서는 접속할 수 있도록 한 것이다.

나는 원래 원고 집필과 자료 작성은 컴퓨터로 하고, 그 외 모든 일을 스마트폰으로 처리하는 스타일이었기 때문에 앱 삭제는 그야말로 효과 만점이었다. 업무 때문에 꼭 필요한 경우를 제외하고는 SNS에 접속하지 않는 것이 당연해졌고 사용 시간이 줄어드니 자연스럽게 SNS의 존재 자체를 잊어버리게 되면서 하고 싶다는 욕구도 사라졌다.

마지막 3단계는 대망의 'SNS 계정 삭제'다. 내가 3단계를 실행에 옮긴 건 단체 해외 출장을 떠나는 날 아침이었다. 함께 출장을 가는 사람들을 불러 모아놓고 "지금부터 삭제할게"라고 선언한 후 마치 삭발식이라도 하듯이 결연하게 계정 삭제를 단행했다. "진짜 삭제해버렸네~", "대단해! 이걸 보고 따라 하는 사람도 분명 있을 거야"라고 감탄하던 사람들의 말이 지금도 생각난다. 비행기 안에서 나는 SNS를 하는 동안 있었던 일들을 떠올리며 잠시 추억에 젖었지만, 한편으로는 앞으로 펼쳐질 SNS 없는 새로운 세계에 대한 희망과 기대로 가슴이 한껏 부풀었다.

☑ 1단계만으로도 충분히 효과가 있다. 취침 전 한 시간과 기상 후 한 시간만이라도 스마트폰을 '비행기 모드'로 설정해보자. 익숙해졌다면 2단계, 3단계에도 도전!

'스마트폰 의존'에서 벗어나기 위한 3단계.

무시하기도 연습이 필요하다

○
○
○

SNS는 모두에게 공평한 세계다. 사용자들의 영향력이나 팔로워 수는 저마다 달라도 사용 방법이나 출발선은 모두 똑같다. 공통된 친구를 거치거나 검색만 하면 누구든 바로 연결된다. 나와는 전혀 다른 딴 세상 사람이라고 생각했던 이들의 사진이나 글을 볼 수 있고, 운이 좋으면 서로 친구가 되기도 한다. 그래서인지 SNS에서 상대방과 자신의 거리가 굉장히 가깝다고 착각하는 사람도 있다.

"친구 요청은 지인만 가능합니다"라고 분명히 써놓았는데도 못 본 건지, 일부러 안 본 건지 다짜고짜 친구 요청을 하는 사람이라든가, 요청을 승인하지 않고 무시하면 맞팔을 요청하는 메시지를 보내는 사람도 있다.

　내 지인 중 한 명은 처음엔 생판 모르는 사람이 보낸 메시지에도 일일이 정중하게 대답을 해주다가 갈수록 정도가 심해지자 이제는 모르는 사람의 요청은 무조건 거절한다고 한다. 메시지도 읽지 않고 바로 삭제한다고 한다. 아는 사람 모르는 사람 상관없이 일단 닥치는 대로 팔로우해놓고서는 상대에게 자신도 팔로우해달라며 일방적으로 요청하는 사람도 있다. 그들은 팔로워 수가 많으면 많을수록 계정의 영향력과 인지도가 높아진다는 점을 노리고 최대한 친구 숫자를 늘린 다음, 그 계정으로 돈벌이를 하려는 속셈으로 사람들에게 접근한다. 그런 이들에게 자신과 기꺼이 친구가 되어준 사람들에 관한 관심 따위가 있을 리 만무하다.

　SNS에서 종종 보이는 이런 사람들은 '이어지지 않는 연습'을 하기에 안성맞춤인 상대다. 이들을 상대로 '거절', '무시', '팔로우 취소'를 연습하면서 익숙해지자. 애초에 상대는 꼭 당신이 아니더라도 상관없는 사람들이다. 죄책감을 가질 필요도 없다. 요청을 거절하고 무시하는 일이 익숙해지고 아무렇지 않게 된 다음부터가 진짜다. 이제 비로소 당신이 진짜 '멀어져야 할 상대'와 '이어지지 않는 연습'을 할 수 있게 된 것이다. 당신의 마음을 좀먹는 게시글이나 불편하게 하는 요구와 조금씩 멀어져보자.

☑ 무시하는 힘도 연습을 통해 키울 수 있다. 먼저 나와 상관없는 사람들을 상대로 연습해보자.

무조건 '좋아요' 누르지 않기

○
○
○

- 메시지가 오면 바로바로 답장해야 직성이 풀린다.
- 친구나 업무와 관련된 사람들이 올린 게시물에는 무조건 '좋아요'를 누른다.
- 내 게시물에 '좋아요'를 눌러준 사람들에게는 예의상 꼭 댓글을 남긴다.
- 걸려온 전화를 받지 못하면 급한 용건이 아니더라도 반드시 다시 건다.

혹시 내가 이런 사람은 아닌지 가슴에 손을 얹고 생각해보자. 최근에 재택근무가 늘어나면서 오히려 업무상 아는 사람이나 회사 동료와 온라인으로 이어져 있는 시간이 늘어난 사람도 많을 것 같다. 시도 때도 없이 업무 메일이 오거나 SNS를 통해서도 연락이 오는 통에 쉬는 날에 편히 쉴 수 없을뿐더러 메일 내용에 따라서는 모처럼 휴일을 맞아 들떴던 기분이 엉망이 되기도 한다. 이런 상황에서 상대방의 규칙을 지키려 애쓰다 보면 나만 더 힘들어진다.

앞에서 말한 사람이 바로 상대방의 규칙에만 얽매여 있는 사람의 대표적인 예다. 다른 사람의 규칙을 따르지 말고 '나만의 규칙'을 가져보자. 나는 이 규칙을 '마이 룰my rule'이라고 부르는데, 이름은 거창하지만 그리 어렵지 않다. 'SNS 알림 끄기', '업무 연락은 문자로만 받고 급한 용건일 때만 전화하기', '정해진 시간 동안 스마트폰을 비행기 모드로 설정하기' 등과 같은 나만의 스마트폰 사용 방법이 마이 룰이다. 또한 '사흘에 한 번은 페이스북 보지 않기', '좋아요와 댓글은 친한 친구가 올린 게시물에만 남기기'처럼 자기만의 SNS 사용 방법도 마이 룰이 될 수 있다. 자기 나름의 규칙을 정해서 행동으로 옮겨보자.

단, 주위 사람들에게는 미리 마이 룰을 말해두는 것이 좋다. 특히 프리랜서처럼 혼자 일하는 사람은 거래처 등에 마이 룰을 귀띔해두어야 상대방도 편하고 일을 하면서 쓸데없는 오해가 생길 일이 없다.

처음에는 나 혼자만 괜한 짓을 하는 건 아닐까 하는 죄책감이나 찜찜함을 느낄 수도 있지만 그런 마음은 잠깐이다. 내가 정한 마이 룰을 주변 사람들에게도 알려주고 실천에 옮기면 상대방도 내가 어떤 사람인지 이해하고 받아들이기 쉬워진다.

나와 함께 일하는 A 씨는 일을 시작할 때부터 "주말에는 일하지 않는다", "평일 오후 8시 이후에는 메일에 답장하지 않는다"와 같은 자신의 마이 룰을 미리 알려주었다. 덕분에 우리는 서로 스트레스 받거나 마음 상하는 일 없이 즐겁게 일할 수 있었다. 만약 내가 A 씨의 마이 룰을 몰랐다면 평일 저녁에 메일을 보내놓고 답장이 오지 않는다며 혼자 애태우고 서운한 마음을 가졌을지도 모른다. 상대에게 말하지 못한 채 혼자 마음에 담아만 두고 있는 것이 적으면 적을수록 서로의 신뢰는 더욱 두터워지기 마련이다.

이러한 문화가 프리랜서들뿐만 아니라 회사처럼 팀으로 일하는 모든 곳에 널리 퍼져 나가기를 바란다. A 씨처럼 마이 룰을 바탕으로 자신만의 확실한 경계선을 갖고 일하는 사람이 늘어날수록 자신은 물론 주변 사람들도 마음 편하게 일할 수 있을 테니 말이다.

☑ 나만을 위한 '마이 룰'을 만들자. 죄책감은 잠깐에 불과하다.

가끔은 스마트폰을 멀리 던져두고 지내는 날도 있어야 하지 않을까?

SNS를 끊는 연습

속마음과 다른 게시물이 주는 불편함

○
○
○

다른 SNS와 달리 트위터는 각종 사건 사고가 일어날 때마다 유독 논란이 된다. 하지만 다양한 SNS를 두루 사용해본 나는 오히려 트위터보다 페이스북에서 묘한 느낌을 받을 때가 많았다. 순전히 개인적인 느낌이지만, 익명으로 마음껏 글을 쓰는 트위터에 비해 페이스북은 모두가 실명을 사용하기 때문에 언뜻 보면 훨씬 정돈되어 보인다. 그런데 게시물을 하나하나 유심히 살펴보면 이상하게 마음이 불편해지는 게 한둘이 아니다.

그 이유가 뭔지 곰곰이 생각하다가 나름의 가설을 세워봤다. 트위터는 익명이기 때문에 좋든 나쁘든 글쓴이의 속마음이 드러난다.

반대로 실명을 사용하는 페이스북은 그렇지 않다. 자신의 이름을 밝히고 글을 쓰기 때문에 속내를 감춘 채 '진짜 마음과 다른 게시물'을 올리거나 딱히 자기 마음에 드는 게시물이 아니더라도 남에게 보여주기 위해 '좋아요'를 누르는 사람들이 많은 것처럼 보인다.

  '모든 친구에게 전달된 이벤트 초대장'
  '결혼기념일이나 자녀의 생일 축하'
  '누구보다 열심히 일하겠다는 다짐'

  아는 사람이 올린 게시물을 보고 '이건 너무 거짓말인 것 같은데'라든가 '억지로 꾸며낸 티가 너무 나잖아', '이 사람이 진짜로 이렇게 생각할 리가 없는데'라고 생각한 적이 한 번이라도 있다면 이 가설에 고개가 끄덕여질지도 모른다. 이렇게 페이스북에는 자신의 속마음과 전혀 다르게 꾸며낸 게시물들이 만들어내는 특유의 찜찜한 분위기가 풍긴다.

SNS를 하다가 '이건 너무 속보이잖아'라는 생각이 드는 게시물

==을 봤다면 '좋아요' 버튼을 누르기 전에 잠시 손을 멈추자.== 지금의

'좋아요'는 정말 당신의 마음에서 우러나온 것인가?

☑ 마음이 움직여서가 아니라 그저 보여주기 위해 누군가의 게시물에 댓글이나

'좋아요'를 남길 거라면 차라리 누르지 말자.

인스타그램 속 사진은 진짜일까?

○
○
○

SNS를 보다 보면 어쩜 이렇게 예쁜 사람도 많고 멋지게 사는 사람도 많은지 감탄하게 된다. 누구인지 알아보기 힘들 정도로 보정한 셀카 사진, 일상에서 찰나에 불과한 멋진 장면만 고르고 골라 찍은 사진, 자기 자신을 실제보다 훨씬 대단한 사람처럼 포장한 사진까지. 이렇게 SNS에는 진짜인지 아닌지 알 수 없는 사진들이 넘쳐난다.

최근 들어 일부 인플루언서들은 이러한 행동에 회의를 느끼고 자신의 민낯 사진을 올리거나 드라마 촬영장에서나 볼 수 있을 법한 비현실적인 모습이 아닌 실제 모습을 보여주기 시작했다. 이들의 행동은 그동안 리얼함이라고는 손톱만큼도 찾아볼 수 없었던 SNS 속 거짓된 모습을 다시 현실로 되돌리려는 노력이기도 하다.

인스타그램에는 매일매일 예쁜 사진들이 셀 수 없을 정도로 업로드된다. 작은 네모 세상 속 하늘은 유난히 새파랗고 꽃들은 마치 물감이라도 칠해놓은 듯 울긋불긋 화려한 색으로 빛난다. 오로지 다른 사람들에게 보여주기 위해 만들어진 이 사진을 진짜 모습이라고 말할 수 있을까?

☑ SNS에서 보기만 해도 부러운 사람이나 감탄을 자아내는 모습을 보더라도 나와 비교할 필요는 없다. 그들의 진짜 모습은 절대 우리 눈에 보이지 않으니까.

인스타그램 속 세계는 '진짜'가 아닐 수도 있다.

상처받고 싶지 않다면 가슴 속 열정을 불태워라

○
○
○

날로 심각해지는 인터넷상에서의 가짜 뉴스, 악플이 사회문제로까지 대두되고 있는 요즘. 바로 지금 이 순간에도 누군가는 집과 회사의 컴퓨터, 스마트폰을 통해 다른 사람에게 상처를 입히고 있다. 그들이 아무 생각 없이 두드린 키보드에서 만들어진 가짜 뉴스와 악플 탓에 극단적인 선택을 하는 사람도 있다. 얼마나 심각하면 '손가락 살인'이라는 신조어가 생겼을까.

예전에만 해도 이러한 피해는 연예인이나 유명인, 인플루언서나 당하는 문제라는 인식이 강했지만, 최근에는 꼭 그렇지만도 않다.

학교의 익명 게시판에 올라오는 악의
적인 글이나 운영 중인 블로그 댓글
창에 달리는 악플은 평범한 사람들의
일상도 망가트릴 뿐만 아니라 지울 수
없는 상처를 남기기도 한다. 가짜 뉴
스와 악플로 인한 또 다른 사회문제는
바로 사람들에게서 '도전정신'을 빼앗는 데 있다.

어느 날 친구가 자신의 유튜브 화면을 보여준 적이 있다. 일부러
보려던 것은 아니었는데 친구가 보여주려던 영상 밑으로 죽 나열된
연예 뉴스 시청 이력과 추천 영상이 눈에 들어왔다. 친구가 시청한
영상의 목록들에는 온통 불륜이나 마약 복용으
로 체포된 유명인들의 뉴스부터 최근 화제가 되
었던 사건에 대한 자극적인 제목의 영상들로 가
득했다. 그 친구는 착하고 능력도 뛰어나지만,
유독 다른 사람들의 시선에 민감해서 하고 싶은
일이 있어도 주위 눈치만 보며 도전하지 못하고

망설이기 일쑤였다. 어쩌면 친구가 여론이나 다른 사람들의 시선을 필요 이상으로 두려워하는 이유가 이러한 동영상과 기사들 때문인 지도 모른다는 생각이 들었다.

사람들이 서로 상처를 주고 헐뜯는 모습을 보는 것만으로도 우리 는 마음에 상처를 입는다. 새롭게 무언가에 도전하고 싶은데 도저히 용기가 나지 않고, 내 실패가 누군가에게 웃음거리가 되는 것도 싫 다. 자극적인 기사의 주인공처럼 비난당하고 싶지 않고, 인터넷상에 서 얼굴도 모르는 사람들에게 조리돌림 당하기는 더더욱 싫다.

하고 싶은 일이 있어도 '어차피 안 될 거야', '주위 사람들이 반대 하면 어쩌지'라며 미리 겁내고 어렵게 싹 틔운 용기를 스스로 잘라낸 다. 누군가가 "창조의 반대는 두려움"이라고 말했다. 두려움을 극복 하려면 가슴 속 열정을 불태워야 한다. 뜨거운 마음만이 공포를 압도 할 수 있기 때문이다.

대학 시절 네덜란드 암스테르담 대학교로 교환학생을 갔을 때,

워크셰어링work sharing이라는 자유롭고 유연한 제도를 보고 적잖은 충격을 받았다. 프리랜서가 되어 노트북 하나만 들고 전 세계를 여행하며 시간과 장소에 구애받지 않고 일하고 싶다는 꿈을 꾸기 시작한 것도 그 뒤부터였던 것 같다.

대학을 졸업하고 들어간 첫 직장이었던 출판사를 나와 여러 회사를 거치면서 서른 살이 되면 회사를 그만두겠다고 수없이 다짐했지만, 꼬박꼬박 들어오는 월급을 포기하기란 좀처럼 쉽지 않았다. 그렇게 일 년이 가고 또 일 년 하고도 반년이 지났다. 나는 과거로 돌아가지도 앞으로 나아가지도 못한 채였다.

하루하루 갈등하고 고민을 거듭하던 와중에 멘토였던 분께 소개받은 책이 오카모토 타로의 《내 안에 독을 품고自分の中に毒を持て》였다. 바로 다음 날 회사 근처 서점에서 책을 사서 곧장 카페에 들어가 펼쳤을 때 받았던 충격은 십 년이 지난 지금도 또렷하게 떠오른다. "안전한 길인지 위험한 길인지. 망설여진다면 위험한 길을 선택하라." 수많은 비판과 부정적 시선에도 굴하지 않고 대중과 타협하는 대신

자신만의 의지와 감성을 고수하며 독창적인 작품을 탄생시켜온 오카모토 타로의 말이다.

페이지를 넘길 때마다 온몸의 털이 곤두섰고 책을 덮고 난 뒤에는 나도 모르게 눈물이 나왔다. 나처럼 평범한 사람과 감히 비교할 수 없는 광기와 기백이 뿜어져 나오고 있었다. 그리고 결심했다. '나는 내가 원하는 대로 살 거야. 안전한 길 따위 개나 주라 그래.' 그리고 무슨 일이든 마다하지 않겠다는 생각으로 가장 먼저 선택한 것이 바로 SNS였다.

어렵게 첫걸음을 내디딘 뒤에야 눈앞에 있던 두려움이 저 멀리 멀어지고, 멀게만 보였던 열정이 눈앞으로 다가왔다. 당신에게 열정이 있다면 무엇이든 용기 내어 시작해보자. 깊은 곳에 숨어 있는 열정을 끄집어내보자. 땅속 깊은 곳에서 온천수를 퍼 올리는 것처럼 열정의 원천을 찾아내는 것이다.

내가 알고 있는 가장 용감한 사람들을 떠올려보자. 그리고 당신

의 마음속에서 너무나 하고 싶어 견딜 수가 없는 뜨거운 열정을 찾아

서 불태워보자. 한 번쯤은 그런 삶도 살아봐야 하지 않을까?

☑ 내가 가진 열정의 원천을 찾자.

제2장

정보와 멀어지는 연습

망설임 없이 답을 찾는 방법

◯

정보는 좋든 나쁘든

우리에게 엄청 큰 영향을 미치고 마음을 어지럽힌다.

정보를 끊고, 버리고, 멀리하기 위한 나만의 '기준'을 정하자.

정보를 끊고, 버리고, 멀리한다

○
○
○

　현대인의 스마트폰 사용 시간을 조사한 결과에 따르면 "하루 평균 2시간에서 5시간"이라고 답한 사람이 가장 많았다고 한다. 그런데 사실은 많은 사람이 자신이 의식하는 시간보다 실제로는 훨씬 더 많은 시간 동안 스마트폰을 본다. 나는 2시간 정도 했다고 생각했는데 스크린타임으로 확인해보면 실제 사용 시간은 5시간인 경우도 적지 않다는 말이다. 하루 4시간만 쓴다고 쳐도 단순 계산으로 연간 약 60일이나 스마트폰을 들여다보고 있는 셈이다. 일 때문에 사용하는 시간이 포함된다고 해도 어마어마한 시간을 스마트폰에 허비하고 있는 것이다.

원래 어떤 물건이든 눈에 보이면 신경 쓰이기 마련이다. 집 안에 물건이 과하게 많으면 생활에 지장을 초래하고, 옷이 너무 많으면 매일 아침 어떤 옷을 입을지 한참을 고민하게 된다. 그럼 '정보'는 어떨까? 우리의 생활에 너무 많은 정보가 넘쳐흐른다는 사실을 아는 사람은 얼마나 될까? 하나하나 정보를 골라 선택하는 사람은 얼마나 있을까?

통계적으로 현대인의 스마트폰에는 평균적으로 약 100개의 앱이 설치되어 있지만, 실제로 사용하는 앱은 그중 40퍼센트도 안 된다고 한다. 정보는 실체가 없기 때문에 무제한 얻을 수 있다. 우리가 의식하지 못하는 사이에도 정보는 SNS의 타임라인, TV나 지하철 안의 광고판 등을 통해 끊임없이 흘러들어오고 있다. 하지만 눈에 보이지 않는다고 해서 생활에 영향을 주지 않는 것은 아니다. 오히려 정보는 좋든 나쁘든 눈에 보이는 물건보다 훨씬 큰 영향력을 갖고 사람의 마음을 흔들어놓는다.

정보를 끊고, 버리고, 멀리하기 위한 '기준'을 정하자.

① 한동안(일 년 이상) 사용하지 않고 보지 않은 정보

② (과거에는 필요했지만) 현재 나에게 도움이 되지 않는 정보

③ 볼 때마다 불안해지거나 초조해지고 화가 나는 등 부정적인
감정이 드는 정보

이런 정보들은 잠깐만 시간을 내서 다음과 같이 처리하자.

- 한동안 사용하지 않은 앱을 스마트폰에서 삭제한다.
- 인터넷 쇼핑 때문에 가입해놓은 사이트에서 매일 날아오는 광고성 메시지를 수신 차단한다.
- 관심이 사라진 사람(또는 기업, 상품 등)의 계정을 팔로우 취소한다.
- 일 년 이상 대화가 없는 SNS 메신저 그룹 대화방에서 나온다.
- 볼 때마다 마음이 불편해지는 사람의 게시물을 보이지 않게 설정한다.
- TV를 보다가 불안함이나 분노가 느껴진다면 바로 채널을 바꾼다.

나 혼자로만 끝날 일이라면 얼마든지 하겠지만 친구나 회사 사람들이 얽혀 있으면 눈치가 보여서 선뜻 하기 망설여지는 일들도 있을 것이다. 그럴 때는 〈무조건 '좋아요' 누르지 않기〉(45쪽)를 다시 한번 떠올려보자.

페이스북에 올라오는 게시물은 상대방이 모르게 '게시물 숨기기' 설정을 할 수 있다. 메신저 그룹 대화방에서 나와도 대화방 멤버들에게 따로 알림이 가지 않을뿐더러 애초에 일 년 넘게 아무 말 없던 대화방에서 나온들 뭐라 할 사람은 아무도 없지 않을까. 혹시라도 게시물 숨기기를 해놓은 친구나 회사 사람과 만날 일이 생기면 만나기 직전에 잠깐 게시물을 확인하는 것도 좋은 방법이다. 그 사람의 계정으로 들어가거나 이름을 검색해서 최근에 올라온 게시물을 훑어보기만 해도 이야기를 하다가 엉뚱한 소리를 하는 참사는 일어나지 않을 것이다.

게시물을 보이지 않게 해두거나 대화방에서 나온 일로 당신을 비난하거나 투덜거리는 사람이 있어도 신경 쓸 필요는 없다. 상황을 설명하고 SNS 의존증에서 벗어나기 위한 노력 중이라고 하면 대부분은 기꺼이 이해해줄 테니 말이다.

'마이 룰'을 정해두면 이럴 때를 대비하기에도 좋다. 좋고 싫음과 같은 감정적 판단이 아니라 어디까지나 스스로 정한 규칙에 따른 행동이라는 점을 강조할 수 있기 때문이다. 그런데도 싫은 티를 내는 사람이 있다면 이 말을 명심하자. "상대방의 기분은 오롯이 상대방의 책임이다." 당신의 행동을 상대방이 어떻게 느끼고 생각할지까지 신경 쓸 필요는 없다. 그건 어디까지나 상대방의 선택일 뿐이니까.

☑ 스마트폰에서 한동안 사용이 뜸했던 앱을 전부 삭제하자. 읽지 않고 쌓아두기만 하는 광고성 메일도 모조리 '수신 차단' 해버리자.

정보와 멀어지는 연습

감히 날 예측한다고? 마음대로는 안 될걸!

○
○
○

페이스북에 올라오는 광고나 쇼핑 사이트에 '당신을 위한 추천'
이라며 표시되는 상품들은 사람마다 제각각이다. 콕 집어 나를 위한

잠시만 끊어보자고요

추천이라니 나를 대단히 신경 써주는 것처럼 보이지만, 사실 이런 광고는 나의 구매 이력과 검색 기록을 바탕으로 내가 어떤 상품을 좋아하고 무얼 사는지를 AI가 계산한 결과에 지나지 않는다.

계산의 정확도가 높아지면 높아질수록 우리는 의지와는 상관없이 과거의 나와 똑같은 행동을 되풀이하게 된다. 그리고 나도 모르게 한 행동들이 쌓이고 또 쌓여서 과거의 내 행동 패턴과 가치관을 더욱더 공고히 만든다. 절대 AI를 탓할 일은 아니다. AI는 우리의 생활을 보다 편리하고 다채롭게 만들어주는 파트너일 뿐이다. 그렇지만 가끔은 AI의 예측에서 벗어나 과거의 내가 만들어놓은 길과 다른 길을 걸어보면 어떨까?

과거의 구매 이력이나 시청 기록과 전혀 다른 것을 일부러 선택해보자. '아무리 AI라도 이건 절대 예측할 수 없을걸?' 하는 마음으로 우리가 할 수 있는 사소한 반항을 해보는 것이다. 때로는 인터넷 공간에서 빠져나와 현실 세계를 탐색해도 좋다. 매번 지나치기만 하던 동네 서점 안에서도 평소라면 절대 둘러보지 않았을 코너에 가서 '오토바이', '솔로 캠핑', '배색 사전'처럼 관심 없던 분야의 책들을 사보는 것은 어떨까? 의외로 그 책이 엄청나게 재밌을지 누가 알겠는가? 재미가 없었다고 해도 예측 불가능한 행동을 하기 전과 후는 분명히 다르다. 과거의 나와 다른 현재의 나만이 가진 새로운 길이 생겼으니 말이다.

사람들에게도 정보를 얻어보자. 나이 불문, 직업 불문하고 다양한 사람들로부터 정보를 수집할 수 있으면 더욱더 좋다. 요즘 나는 주변 사람들이 추천해주는 것이라면 그게 무엇이든 일단 실천해보기에 빠져 있다. 좋아하지 않았던 작가의 소설도 읽고, 달콤한 냉동 고구마도 주문해보고, 잘 모르는 동네 식당에서 밥을 먹고, 내게는 필요 없다고 생각했던 심리학 수업이나 속독 강의도 들어본다. 이외에도 헤아릴 수 없는 많은 것들을 해보는 중이다. 아마도 주변 사람의 추천이 없었다면 나는 이것들을 평생 해보지 못하고 죽었을지도 모른다. 한 번이라도 해봐서 얼마나 다행인지! 너무 진지해지지 않아도 된다. 그저 게임을 하는 것처럼 즐기면서 하는 것만으로도 충분하다. AI는 절대 예측하지 못할 계산된 결과 밖으로 나가보자!

☑ 서점에서 평소라면 절대 둘러보지 않았을 분야의 책을 사서 읽어보자. 게임을 하듯 즐겁게 다른 사람이 추천해준 일에 도전해보자.

정보와 멀어지는 연습

정보는 몸으로 판단한다

○
○
○

　흔히들 정보를 취사선택해야 한다고 하지만, 정보는 물건과 달라서 사용할지 안 할지만 놓고 판단하는 게 쉽지 않다. 특히 사람들의 불안을 부추기는 정보는 자극적일수록 의존성이 높고, 정보를 전달하는 사람이 어떤 사람인가에 따라서 영향력도 달라지기 때문에 선택하기가 더 어렵다. 나는 무릇 정보의 역할은 사람의 감정과 사고를 긍정적으로 자극하고 영감을 주는 데 있다고 생각한다.

　사람들에게 불안과 공포를 주고, 하려던 일을 포기하게 만드는 정보는 정보의 본래 목적을 상실한 것과 다름없으며 굳이 찾아볼 가치조차 없다. 나는 '좋은 정보'와 '주의해야 할 정보'를 다음과 같은 기준으로 판단한다.

- 좋은 정보는 사람들에게 의욕, 희망과 같은 긍정적인 감정을 불러일으킨다. 어떤 일을 하고 싶고, 무엇이든 도전해보고 싶게 한다.
- 주의해야 할 정보는 사람들을 무기력하게 만들고, 불안과 공포 같은 부정적인 감정에 휩싸이게 한다. 의욕이 사라지고 어떤 일도 하기 싫은 기분이 들게 한다.

간단히 말해 우리에게 긍정적인 영향을 주는 정보가 '좋은 정보'이고, 부정적인 영향을 주는 정보가 '주의해야 할 정보'다.

정보를 전달하는 사람이 권위 있는 전문가인지 유명한 인플루언서인지는 정보를 판단하는 데 아무런 도움이 되지 않는다. 뉴스든 세미나든 SNS에 올라오는 다이어트나 미용 관련 게시물이든 상관없이 당신에게 긍정적인 영향을 주는지 그렇지 않은지만 기준으로 삼으면 된다.

정보에 휘둘리지 않기 위해서는 스스로 명확한 기준을 갖고, 좋고 나쁨을 판단할 수 있어야 한다. 그 기준은 다름 아닌 우리의 '몸'이다. 어떤 정보를 접했을 때 자신의 감정이나 몸이 어떻게 반응하는지 느껴보자. 내 몸이 자연스럽게 편안해지는지 아니면 긴장한 것처럼 뻣뻣하게 굳는지를 말이다. 정보를 받아들일 때의 반응을 하나하나 유심히 살펴야 한다. 익숙해지면 정보를 보거나 듣는 순간 바로 판단할 수 있게 된다.

☑ 당신을 불안하고 두렵게 만드는 정보는 멀리하자. 당신의 '몸'으로 '좋은 정보'와 '주의해야 할 정보'를 판단하자.

내 몸은 어떤 정보를 원하고 있을까?

정보와 멀어지는 연습

쓸데없이 검색하지 않기

○
○
○

한 설문에 따르면 임신 후에 나타나는 급격한 신체 변화 때문에 불안해진 나머지 인터넷 검색을 해본 적 있다고 답한 임산부가 전체의 90%에 달했다. 그중 절반은 검색 후에 걱정이 사라졌지만 4명 중 1명은 오히려 더 큰 불안감을 느꼈다고 한다. 고민거리가 생기거나 불안해졌을 때 인터넷 검색을 해본 경험은 누구나 있을 것이다. 하지만 이 설문 결과를 보면 알 수 있듯이 검색을 해도 걱정이 사라지기는커녕 더욱더 심해지는 경우도 있다.

얼마 전, 지인의 자녀가 대학을 졸업하고 들어간 첫 직장에서 입사하자마자 재택근무를 하는 바람에 온종일 집에서 일하게 되었다는 이야기를 들었다. 그는 처음에는 다른 사람 눈치 볼 필요 없이 자유롭게 일할 수 있다며 좋아했지만 얼마 안 가 고민이 생겼다고 한다. 회사 사람들과 만나 이야기할 일이 없다 보니 동료 직원이나 상사와도 거리감이 느껴지고, 모르는 일이 있거나 문제가 생겼을 때도 바로바로 물어보지 못해 끙끙대는 경우가 갈수록 늘어났기 때문이다.

사회생활을 처음 해보는 탓에 고민을 털어놓을 곳도 마땅치 않던 그는 인터넷에서 자신과 비슷한 처지에 놓인 사람들이 올린 글을 검색해보기도 했지만, 거기에도 뾰족한 해결책은 없었다. 오히려 사람들이 올린 글에 트집 잡는 댓글이 달리거나 잘잘못을 따지려다가 서로 언쟁을 벌이는 모습을 보면서 더욱 우울해지기만 했다고 한다. 스트레스 때문에 요즘은 밥도 잘 못 먹는다며 말을 흐리는 지인의 얼굴에 근심이 가득했다.

이처럼 불안을 없애기 위해 인터넷 검색을 해봤자 바라던 답변을 얻으리라는 보장은 없다. 되려 자신이 생각하던 것과는 정반대의 답변이나 부정적인 감정을 부추기는 글들로 상황을 더욱 악화시키기만 한다. 원래 인터넷 공간에는 쓸모 있는 정보도 존재하는 반면, 아무짝에도 쓸모없는 정보들도 많은 법이다. 하지만 이런 사실을 알면서도 쓸데없는 검색을 멈출 수 없는 이유가 있다. 바로 '매몰 비용sunk cost 효과' 때문이다. 검색을 위해 써버린 시간과 노력을 보상받고 싶다는 마음 때문에 내가 원하는 정보를 찾기 위해 검색을 그만두지 못하고 계속해서 매달리게 되는 것이다.

불안을 잠재우고 싶다면 인터넷 검색이 아니라 믿을 수 있는 사람을 찾아야 한다. 실제로 앞서 소개했던 지인의 자녀도 자신의 고민을 부모님과 친구들에게 털어놓은 다음에야 안정을 되찾고 고민도 말끔히 사라졌다고 한다. 그리고 임신 중에 느끼는 불안도 남편이나 의사와 이야기하고 함께 고민해보는 것이 가장 좋은 해결책이라고 한다.

☑ 마음이 복잡하고 불안할 때는 인터넷이 아니라 믿을 만한 사람에게 솔직히 털어놓자.

아침의 기분은 전날 밤에 결정된다

○
○
○

사람의 감정은 순식간에 눈덩이처럼 커지는 성질을 갖고 있다. 기쁠 때는 즐거운 감정이, 화가 날 때는 분노라는 감정이 점점 커진다. 특히나 부정적인 감정은 강렬하고 오래 지속된다. 일단 부정적인 감정의 스위치가 켜지면 그것이 좀처럼 꺼지지 않는 경험을 누구나 해봤을 것이다.

기분 좋게 하루를 시작하기 위해서는 아침에 일어나서 처음 느끼는 감정이 가장 중요하다. 그리고 아침에 처음 느끼는 감정은 자기 직전의 감정에 따라 달라진다. 자기 직전에 느낀 감정이 잠들어 있는 시간을 거쳐 그대로 이어지며 일어났을 때의 기분을 결정짓기 때문이다. 이 말은 곧 아침에 좋은 기분으로 깨어나기 위해서는 전날 밤부터 준비를 해야 한다는 뜻이기도 하다.

잠자리에 들기 전에 오늘 하루 있었던 즐거운 일을 써보는 습관을 가져보자. 자기 자신을 포함한 누군가에게 고마운 마음을 적어보는 '감사 노트'도 좋고, 하루를 되돌아보며 '내가 잘한 일 세 가지'를 떠올려보는 것도 좋다.

긍정적인 감정을 한껏 끌어올린 다음 좋아하는 향기를 맡으며 부드럽고 폭신한 침대에 몸을 맡기고 잠자리에 들어보자. 자기 전에 감정을 정리해두면 다음 날 아침에 훨씬 가뿐하게 눈이 떠진다. 그리고 잠에서 깨면 바로 일어나지 말고 5분간 어젯밤의 긍정적인 감정을 다시 되살리며 마음을 가라앉히자. 신경 쓰이는 일이 있으면 일어나자마자 초조함이 밀려올 수도 있고, 전날 밤의 악몽 때문에 찜찜한 기분이 오래 남아 있을 수도 있으니까 말이다.

아침을 맞이할 때마다 자신의 마음을 마주하고 지금 내가 어떤 기분인지를 느껴보자. 초조함이나 불안, 외로움이 느껴질 때도 있고 새로운 하루에 대한 기대감에 가슴이 두근거릴 때도 있을 것이다. 감정의 컨디션은 매일 다르다. 그리고 이 감정의 컨디션은 자기 자신을 잘 알기 위한 단서가 되기도 한다.

마음속에 즐겁고 편안한 감정이 가득 찬 다음부터는 행동 하나하나에 주의해야 한다. 애써 만들어놓은 좋은 감정을 망치는 행동은 금물이다. 사건 사고를 전달하는 방송이나 인터넷 뉴스 등을 보게 되면 기껏 안정된 마음이 다시 흐트러질 수 있다. 깜빡하고 기분을 망쳐버렸다면, 다시 한번 긍정적인 마음에 집중하자.

정보를 고를 때도 음식을 고를 때처럼 해보는 건 어떨까. 우리가 자기 몸에 해로운 음식들은 멀리하고, 맛있으면서도 건강에 좋고 영양가가 풍부한 음식을 일부러 찾아 먹으려고 노력하는 것처럼 말이다. 먹으면 죽는다는 걸 알면서도 굳이 그 음식을 먹는 사람은 없을 것이다. 정보도 마찬가지로 보면 된다. 딱 한 달만 노력하면 기분 좋게 일어나는 일이 어느샌가 당연하게 느껴지게 된다. 사소한 일에 짜증내거나 초조해하지 않고 항상 웃는 얼굴로 지낼 수 있는 여유도 저절로 따라올 것이다.

☑ 잠들기 전에 좋은 생각, 즐거운 생각만 하자. '오늘 하루 즐거웠던 일'을 일기로 써보거나 고마웠던 일들을 적어봐도 좋고, 내가 잘했던 일을 찾아 스스로 마구마구 칭찬해보자.

정보와 멀어지는 연습

남들이 뭐라 하든 알게 뭐람

○
○
○

고등학생 시절 내가 살던 지역에서 손꼽히던 육상선수였던 친구가 있다. 친구는 대회가 가까워지면 누구보다 열심히 연습하는 것은 물론이고 자신이 직접 개발한 식사 메뉴만 먹을 정도로 완벽한 컨디션 조절을 위해 최선을 다했다. 이렇게 철저하게 준비를 마친 후 시합 당일 아침에 이길 것 같다는 생각이 드는 날이 있는데 그런 날은 어김없이 시합에서 이겼다고 한다. 반대로 성적이 좋지 못했던 날에는 이길 것 같다는 확신도 없고 괜히 불안하기만 해서 아침부터 만나는 사람마다 "나 오늘 이길 수 있을까?"라고 물어봤다는 말을 들은 적이 있다.

원래 사람은 불안할수록 누군가에게 의지하고 싶어지기 마련이다. 그래서 어떤 이들은 고민이 있을 때 점을 보기도 한다. 신문이나 잡지에 나오는 오늘의 운세나 인터넷에서 무료로 볼 수 있는 운세 풀이를 찾아보기도 하고, 더러는 일부러 돈을 내고 손금이나 관상, 사주, 타로 등을 보러 가기도 한다. 매년 새해가 되면 서점에서 운세 풀이 책을 어렵지 않게 찾을 수 있는 것도 이 때문이다.

점괘를 보고 힘을 얻거나 고민거리를 해결할 수 있으면 다행이지만, 오히려 점을 보러 갔다가 가슴에 비수처럼 꽂히는 말을 듣고 낙담할 때도 종종 있다. 역술가가 "당신은 평생 결혼하지 못하고 혼자 살 팔자예요"라고 말했다며 크게 실망하던 친구도 있고, 새로운 도전을 앞두고 점을 보러 갔는데 점괘 결과가 나쁘다는 이유로 그 도전을 포기해버린 지인도 있다.

나도 대학생 때 친구와 함께 점을 보러 갔다가 낭패를 당했던 경험이 있다. 60대 정도 되는 할아버지 역술가가 내 얼굴을 보자마자 숨도 쉬지 않고 "너는 이렇게 될 거야", "너는 이런 건 절대 못 해"라며

주절주절 읊어대기 시작했는데, 전부 일방적으로 나를 단정 짓는 부정적인 말들뿐이었다. 처음에는 단호한 말투에 기가 눌려 한마디도 못 하고 듣고만 있었는데, 계속해서 듣고 있다 보니 점점 어이가 없어졌다. 그러다가 문득 '이 사람도 인생이 참 팍팍한가 보다'라는 생각이 들었다. 이것도 안 되고, 저것도 안 되고, 그건 어렵고…. 이 할아버지 역술가가 해주는 점괘 풀이는 전부 자기 자신에게 해당하는 말인 듯했다. 자신이 점괘 결과에만 사로잡혀서 더 나아가지 못한 채 머물러 있기만 하니 다른 사람에게도 부정적인 말밖에 해줄 수 없는 것이다.

점괘뿐만 아니라 가족이나 친구, 존경하는 멘토의 조언도 결국엔 다른 사람의 말에 지나지 않는다. 나보다 나를 잘 알고 있는 사람은 어디에도 없다. 다른 사람의 필터를 거쳐서 나온 의견은 내가 수긍할 수 있다면 받아들이고, 수긍할 수 없다면 억지로 맞출 필요 없이 한 귀로 듣고 한 귀로 흘려버리면 된다. 다른 사람의 말은 그게 무엇이든 하나의 정보에 불과하다. 나를 움직일 수 있는 사람은 '나'밖에 없다는 사실을 명심하자.

☑ 다른 사람의 말은 도움이 되는 것만 들으면 그만이다. 언제나 '나'를 우선시 하자.

제3장

사람과 거리를 두는 연습
나 자신을 지키는 방법

○

사람들이 모두 나와 같을 수 없고,

사람은 누구나 자기답게 있을 '권리'가 있다.

나만큼이나 다른 사람도 중요하다는 걸 절대 잊지 말자.

다른 사람에게 기대하지 않기

○
○
○

메시지를 주고받다 보면 사소한 일에 예민해질 때가 있다. 꼬치꼬치 말꼬리를 붙잡고 늘어진다든지 내심 기대했던 답장이 안 오면 불안해지기도 한다. 서로 얼굴을 보면서 하는 대화와는 다르게 글에서는 상대방의 표정이나 목소리가 느껴지지 않다 보니 자꾸 나쁜 쪽으로만 생각하게 되는지도 모른다.

바로 몇 년 전까지만 해도 나 역시 상대방이 보낸 메시지 하나하나에 감정이 오르락내리락했다. 내 메시지를 읽고도 답장을 보내지 않는 남자친구 때문에 가슴앓이하고, 언제 한번 얼굴이나 보자고 메시지를 보내도 읽지 않는 친구에게 서운하기도 했다. 일 때문에 연락했는데 회신이 없으면 두말할 것도 없다. 메일이나 메시지에 즉시 회신하지 않는 사람은 내게 있어 능력 없는 사람일 뿐이었다.

당연한 말이지만, 다른 사람이 모두 나와 같을 수는 없다. 상대방에 대한 마음이 크면 클수록 그 사람과의 경계선은 점점 흐려지고, '나를 위해서 이렇게 해주면 좋겠다'는 기대가 커지기 마련이다. 기대가 실망으로 바뀔 때마다 '이렇게 해야 해', '이래야만 해'라는 암묵적 규칙도 늘어난다. 그리고 또다시 상처받지 않고 무시당하지 않기 위해 혼자만의 규칙을 만들어서 상대방을 판단하기 시작한다. 사람은 누구나 자신이 누군가를 판단하는 동안만큼은 스스로 힘이 있다고 느끼기 때문이다.

그러나 이러한 불만과 분노는 진짜 감정이 아니다. 사실 나는 연인이나 회사 동료에게 화가 난 것이 아니라 그저 마음속 깊은 곳에서 상대방이 나를 더 소중하고 특별하게 여겨주었으면 하고 바랄 뿐이었다. 이러한 진짜 속마음을 깨닫고 나는 '당연히 해야 한다'는 생각을 버렸다. 그러자 조금씩 변화가 일어나기 시작했다. 불만이나 분노가 아니라 사랑과 만족감으로 사람들을 대해야겠다고 마음을 먹었고, 그제야 비로소 나를 괴롭히던 기대도 버릴 수 있었다.

그리고 나도 반드시 바로바로 답장해야 한다는 강박에서 벗어나 하고 싶을 때 답장을 하기로 했다. 그러자 자연스럽게 마음에서 우러난 답장을 쓸 수 있었다. 상대방이 내 메시지를 읽고도 답장을 안 하거나, 한동안 답장이 없어도 아무렇지 않았다. 조금 연락이 늦어진들 일에는 아무런 지장이 없었다. 무엇보다 가장 큰 변화는 '상대방이 내 기대대로 행동하는 것 = 나를 소중히 여기는 것'이라는 공식은 원래 성립하지 않는다는 사실을 깨달은 것이다. 나라는 사람의 가치는 다른 사람의 행동과는 아무런 관계도 없으니까 말이다.

☑ 당연히 해야 한다는 생각을 버리고 상대방이 내 메시지를 읽씹하거나 읽지 않아도 신경 쓰지 말자. 내 행동부터 바꿔보자. 지금껏 모든 메일이나 메시지에 신속하게 답장을 했다면, 일부러 조금 늦게 답장을 하는 것부터 시작해보자.

나도 상대방도 존중하기

○
○
○

나는 어릴 때부터 나 자신보다 다른 사람을 우선시하라고 배우며 자랐다. 크면서 "다른 사람에게 폐를 끼치면 안 돼", "다른 사람과의 약속은 꼭 지켜야 해" 이런 말을 수없이 들은 반면, "스스로를 소중히 여겨야 해", "나 자신을 우선시해야 해"라는 말은 좀처럼 듣지 못했다.

언제나 상대방의 상황을 먼저 생각하고, 상대방의 감정을 헤아리고, 상대방의 사정을 이해하다 보면 정작 내 마음은 슬픔과 분노로 가득 차 버릴지도 모른다. 내가 항상 지고 양보해서 상대방을 이기게 하는 것도, 상대방과 싸워 이기는 것도 정답은 아니다. 나와 상대방을 똑같이 소중히 여기려면 어떻게 하면 좋을까? 미국에서 생겨난 커뮤니케이션 방법 중 '어서션assertion'이라는 것이 있다. 어서션을 한마디로 설명하면 '나도 상대방도 존중하는 자기표현 방법' 이라 할 수 있다.

"사람은 누구나 자기답게 있을 권리가 있다." 나는 물론 상대방의 인권도 존중하는 것이다. 이처럼 어서션은 사람들의 얼굴이 제각기 다른 것처럼 사고방식이나 생각도 저마다 다른 게 당연하다고 말한다. 모두의 생각이 같을 수 없기에 자기 생각을 전달하고 상대방의 생각을 들으면서 서로를 이해해야 한다. 자신의 기분이나 의견을 상대방에게 강요하라는 말이 아니다. "네가 그러면 내가 슬퍼", "말씀은 감사하지만, 저는 좀 쉬고 싶어요"라고 내 생각을 솔직하게 표현하고, 상대방의 생각에도 귀를 기울인다. 내 생각이 상대방에게 받아들여지면 우리는 안도감과 서로 연결되었다고 느낀다. 당연히 상대방도 마찬가지다.

☑ 내 생각을 상대방에게 솔직히 전달하고, 상대방의 생각에도 귀를 기울이자.

남의 인생에 오지랖 부리지 않기

○
○
○

누구라도 인생을 살다 보면 회사나 가정, 인간관계 등에서 문제가 발생할 때가 있다. 내게 문제가 생기면 제발 부탁이니까 나 좀 가만히 내버려뒀으면 좋겠다 싶다가도 다른 사람에게 어떤 일이 생기면 귀가 쫑긋해지면서 어떻게든 참견하고 싶은 것이 사람 마음이다. 그런데 "그 사람이 그런 거래", "저 사람 지금 난리 났대"라며 수군대는 것이 단순한 관심을 넘어선 '오지랖'이라는 사실은 사람들이 잘 모르는 것 같다.

SNS를 그만두었던 몇 년 전에 주위 사람들로부터 내가 행방불명된 것 같다는 소문이 돈다는 이야기를 듣고 깜짝 놀랐던 적이 있다.

만나는 사람, 전화하는 사람마다 하나같이 내게 괜찮냐고 물어보기도 했다. 그 무렵의 내 모습을 돌이켜보면 그렇게 생각할 만하다 싶다가도 시간이 지날수록 짜증이 밀려왔다. 내 근황이 다른 사람에게 알려지는 것도 당연하고, 다른 사람의 근황을 내가 알고 있는 것도 당연하다니 뭔가 좀 이상하지 않나?

사람과 사람 사이에 놓인 경계선은 SNS 덕분에 점점 더 모호해지고 있다. 그런데 도대체 왜 다른 사람의 인생을 그렇게 궁금해하는 걸까? 솔직히 말하자면 나 역시 가족과 친구들의 인생에 오지랖을 부렸던 시기가 있었다. 무언가 문제가 있어 보이면 가만두질 못하고 나서서 도와주고 이야기를 들어주고 기꺼이 조언했다. 그럴 때면 마치 내가 영화 속에 나오는 슈퍼 히어로가 된 것 같은 착각이 들기도 했다.

예전에는 곤란해하고 있는 사람을 보고도 그냥 지나치는 사람을 보면 어떻게 저렇게 냉정할 수 있냐며 비난했다. 모두가 신나서 누군가의 험담을 할 때 혼자 묵묵히 입을 다물고 있는 사람이 있으면 자기밖에 모르는 사람이라며 오히려 눈을 흘겼다. 그때의 나는 정말이지 오만했던 것이다. 아무것도 몰랐기에 가능했던 일인지도 모른다. 지금은 알고 있다. 가만히 내버려두는 것이 곧 신뢰라는 사실을 말이다.

자신과 타인의 경계선을 분명히 알고 있는 사람은 상대방이 스스로 일어설 수 있도록 기다려준다. 자신이 해줄 수 있는 일이라고는 상대방의 강인함과 가능성을 믿어주는 것밖에 없다는 것을 잘 알고 있기 때문이다.

남의 인생에 참견하는 것은 회피에 불과하다. '내가 꼭 해야 할 일로부터 도망치기 위해' 남의 인생에 이러쿵저러쿵 참견하는 것이다. 다른 사람에게 닥친 문제를 생각하는 동안은 내게 닥친 골치 아픈 문제에서 잠시나마 벗어날 수 있으니까. 더 나아가 누군가를 돕고 있다는 성취감마저 얻을 수 있으니 자꾸만 남의 인생으로 도망치는 것이다.

다른 사람은 그냥 내버려두자. 남의 인생에 오지랖을 부리고 싶어질 때야말로 자기 자신에게 집중해야 할 때다.

☑ 다른 사람 일에 오지랖 부리기 전에 내가 진짜 해야 할 일을 하자.

남의 인생에 참견하고 싶어질 땐 일단 심호흡부터!

잠시만 끊어보자고요

나를 잘 모르는 사람의 제안에 귀 기울이기

○
○
○

우리의 인간관계는 대개 '강한 유대관계strong ties'와 '약한 유대관계weak ties'로 나뉜다. 강한 유대관계는 가족이나 절친, 같은 반 친구, 회사 동료 등 매일 만나고 연락을 주고받는 긴밀한 관계로 이어져 있는 사람을 가리킨다. 약한 유대관계는 처음 만난 사람, 얼굴은 알지만 이야기해본 적은 없는 사람, 개인적으로 친하지는 않지만 같은 그룹에 속한 사람, 직접 만난 적은 없어도 온라인에서 교류가 있는 사람처럼 느슨한 관계로 이어져 있는 사람들이다.

강한 유대관계에 속한 사람들이 더 중요한 사람인 것은 당연하다. 그런데 놀랍게도 우리의 인생을 변화하게 해주는 사람은 약한 유대관계에 있는 사람들이다. 왜일까? 약한 유대관계에 있는 사람들은 당신을 잘 모른다. 그래서 당신에 대한 이른 판단이나 선입견도 없다. 반면 강한 유대관계의 사람들은 좋든 싫든 당신을 너무 잘 알고 있다. 내가 운동을 매우 싫어하는 사람이라는 사실을 아는 사람은 내게 절대 함께 운동하자고 권하지 않는다. 하지만 나를 잘 모르는 사람은 아무렇지 않게 그 말을 꺼낼 수 있다.

습관이나 행동, 선택을 바꾸면 인생이 달라진다. 그러기 위해서는 강한 유대관계인 사람들과의 시간을 줄이고 약한 유대관계인 사람들과의 시간을 늘려보는 것도 하나의 방법이다. 낯선 환경과 처음 보는 사람들 속으로 기꺼이 들어가보자.

☑ 용기를 내어 약한 유대관계를 확대해 나가자. 새로운 정보와 설레는 만남이 당신을 기다리고 있을 테니까.

사람과 거리를 두는 연습

모든 사람은 가치가 있다

○
○
○

서점에서 불티나게 팔리는 베스트셀러의 저자나 젊은 나이에 성공을 거둔 기업인, 각종 방송에 출연하는 유명인은 누구나 인정하는 영향력 있는 사람들이다. 그들은 하나같이 우수할 뿐만 아니라 추진력, 결단력이 뛰어나고 대중을 매료시키는 카리스마까지 갖추었다.

인터넷상에서는 종종 아무렇지 않게 "무식한 놈은 상대할 가치도 없어", "쓸모없는 인간은 즉시 차단", "그런 사람이랑 이야기하는 데 허비한 시간이 아깝다" 같은 말을 하는 사람들이 있는데, 그런 사람을 볼 때마다 나는 반박하고 싶어 견딜 수가 없다.

앞서 이야기했던 영향력 있는 사람들은 상장된 기업의 시가총액, 팔린 책의 부수, 연간 판매된 제품의 수량, 팬이나 팔로워 수처럼 숫자로 측정할 수 있는 가치를 갖고 있다. 그런데 꼭 가치는 숫자로 표현되어야만 하는 걸까? 숫자로 나타낼 수 없다면 그건 가치가 없는 걸까? 때로는 약자의 편에 서서 이렇게 되묻고 싶어질 때가 한두 번이 아니다.

어쩌면 이건 '동족 혐오'일지도 모른다. 왜냐하면 나도 한때는 업무 처리가 느리거나 행동이 굼뜨고 매사에 머뭇거리며 힘들다고 하소연하는 사람들을 이해할 수 없었기 때문이다. 그들을 이해해야 한다고 스스로 수없이 되뇌어봐도 막상 그런 사람들을 마주하면 답답하고 짜증이 났다.

내가 그들을 진심으로 이해할 수 있게 된 것은 내가 머뭇거리며 힘들다고 하소연하면서부터였다. 인생의 갈림길에서 어떻게 해야 할지 갈피를 잡지 못하고 우왕좌왕할 때, 사실 나도 내가 답답해하던 사람들과 다르지 않다는 사실을 알게 된 것이다. 그제야 비로소 그들의 마음을 제대로 이해할 수 있었다.

비슷한 처지가 되어보니 지금까지 받아들일 수 없었던 그들의 아픔이 와닿았고, 이런 상황에서도 열심히 살아가려는 의지에 가치가 있다고 느껴졌다. 사회의 잣대로 평가받지 못한다 해도 가치가 없는 것은 아니다. 누구나 나름의 가치를 갖고 있고, 존재해야 할 마땅한 이유가 있다.

회의에서 용기 있게 자신의 의견을 말할 수 있는 사람은 꼭 필요한 존재다. 그런데 의견을 말하는 사람만큼이나 그 의견에 맞장구쳐줄 사람도 중요하다는 사실을 아는 사람은 얼마나 될까. 여러 사람 앞에서 발표할 때 누군가가 내 말에 끄덕여주는 것만 봐도 안심이 되고 용기가 난다는 걸 알 만한 사람은 알 것이다. 마찬가지로 맞장구에도 용기를 북돋는 힘이 있다. 사람은 때로는 말 한마디 없이 가만히 곁에 있는 것만으로도 타인을 위로하고 힘나게 한다.

특별한 능력이나 카리스마가 없어도 누군가의 곁에서 공감해주고 상대를 부정하지 않고 이야기를 들어주는 사람들. 그들은 쉽게 눈에 띄지는 않지만, 누군가에게는 의지할 수 있는 소중하고 가치 있는 존재임이 분명하다.

☑ 아무도 나를 인정해주지 않는 것 같아 슬프다면, 먼저 스스로 자신의 장점을 찾아보자. 누구나 저마다의 가치가 있다.

함께하고 싶은 사람과 시간을 보내자

○
○
○

물리적으로 혼자 있는 게 아니라 '무엇과도 이어지지 않은 상태'가 되기란 현대인들에게 무척 어려운 일이다. 혼자만의 시간에도 누군가와 메시지를 주고받거나 SNS를 들여다보기 바쁘고, 할 일이 없을 때면 TV나 영화를 보고 게임을 하며 시간을 보낸다.

지금 당장 자신의 일정에 빼곡하게 들어찬 다른 사람과의 약속을 다시 한번 살펴보자. 만나기로 약속한 사람은 정말 당신이 함께 시간을 보내고 싶은 사람인가? 스마트폰 주소록에 저장된 사람들은 어떤가? 정말 당신이 함께 이야기를 나누고 싶은 사람인가?

잠시만 끊어보자고요

주위를 둘러보자. 지금 당신의 주위는 당신이 진심으로 좋아하는 것, 즐기면서 할 수 있는 것, 생각만으로도 가슴이 두근거리는 것, 기꺼이 열정을 불태울 수 있는 것들로 가득한가? 만약 당신의 대답이 'NO'라면 변화가 필요하다. 어째서 조금도 설레지 않는 인간관계를 계속 이어가야 하는 걸까? 왜 당신의 마음이 미동조차 하지 않는 지루한 생활을 바꿔보려 하지 않는가?

☑ 약속이나 스마트폰 주소록에 있는 이들이 정말 이어지고 싶은 사람인지를 다시 한번 나 자신에게 되물어보자.

생각만 해도 두근거리는 약속이 있나요?

잠시만 끊어보자고요

'도망칠 수 없는 사람'은 없다

○
○
○

사회생활을 하다 보면 인간관계 때문에 골머리를 앓을 때가 있다. 아주 가끔 만나는 사람이거나 온라인에서만 이야기를 나누는 사람이라면 어떻게든 견딜 수 있을지도 모른다. 그런데 상대가 '피할 수 없는 사람'이면 이야기가 전혀 다르다.

부모님이나 자녀, 배우자와 같은 가족관계, 회사의 직속 상사, 업무상 중요한 파트너, 바로 옆집에 사는 이웃, 단골손님 등등 이렇게 가까운 관계에 있는 사람과 습관이나 사고방식이 너무 달라서 고민하는 사람들이 있는가 하면 그들의 폭력이나 갑질에 괴로워하는 사람도 적지 않다. 심지어 내 친구는 이혼한 후에도 전남편의 집요한 괴롭힘에 시달렸다. 결혼생활 중에 있었던 불만을 물고 늘어지고 아이를 빌미로 터무니없는 요구를 해오는 전남편 때문에 가뜩이나 업무와 육아를 동시에 하느라 지쳐 있던 친구는 하루도 마음 편할 날이 없었다.

만약 당신이 부당하게 괴롭힘을 당하거나 누군가로 인해 스트레스가 한계치에 다다랐다면 언제든지 도망쳐도 된다. 가장 소중한 '자기 자신을 보호하기'를 바란다. 그 누구도 당신을 이용하거나 당신에게 상처를 줄 권리는 없다. 당신을 괴롭히는 이들에게 분명하게 말하자. 내 경계선을 짓밟고 넘어오려 하는 이들에게 "이 이상은 절대 안 돼"라는 메시지를 단호하게 전달하는 것이다. 그것만으로도 상대의 태도는 변한다. 정색하며 황당해하는 사람도 있고 길길이 화를 내는 사람도 있겠지만 적어도 지금까지 이어온 관계와는 분명히 달라질 것이다.

만약 이렇게 말하는 게 어렵다면 차라리 도망치자. 아무리 가까운 사이라고 해도 '도망칠 수 있다'. 관계를 완전히 끊을 수는 없어도 거리를 두거나 직접적인 만남과 대화를 피하거나 회사나 부서를 옮기거나 거래처를 변경하는 등 지금의 상황에서 벗어날 방법은 얼마든지 있다.

어떤 이는 타인을 괴롭히는 사람을 '깨진 주전자'에 비유하기도 했다. 눈앞에 있어도 손을 대면 다칠 것이 뻔하기에 쓸 수 없는 깨진 주전자처럼 가까이할 수 없는 사람이라는 의미다. 그런 사람에게서 도망치는 것은 당연한 일이다. 당신을 괴롭히는 사람은 원래 그런 사람이다. 충족되지 않는 마음을 타인을 공격하는 일로 채우려는 것뿐이다.

도망칠 정도로 절박하지는 않아도 함께 있으면 짜증나고 귀찮은 사람도 있다. 무턱대고 억지로 일을 떠넘기는 사람이나 사사건건 잔소리를 늘어놓는 사람, 바라는 것이 너무 많은 탓에 부담스러운 사람 등. 이런 사람들을 대해야 할 때는 도망은 최후의 선택지로 남겨두고, 대신 어딘가에 나만의 쉼터를 마련해두자.

힘들 땐 나를 있는 그대로 받아들이는 사람, 투덜거려도 이해해 주는 사람, 사소한 일로도 함께 웃고 떠들 수 있는 사람을 찾아가자. 나와 마음이 잘 맞는 사람들과만 지내기로 마음먹으면 이런 고민을 할 필요도 없다. 당신을 이해하려 하지 않고 존중하지 않는 사람과는 이어지지 않아도 괜찮다. 물리적으로 관계를 끊어낼 수는 없어도 적어도 마음만은 저 멀리 편안한 곳으로 피난시키자.

☑ 자기 자신을 지키기 위해서라도 해로운 인간관계로부터 도망치자. 도망칠 수 없다면 따로 마음 편히 쉴 수 있는 관계를 만들어두자. 어느 누구도 당신을 괴롭힐 권리는 없다.

싸운다
▶ 도망친다
거리 두기
쉼터 만들기

'깨진 주전자'가 나타났다.

부정적인 생각을 버리는 연습

편안하게 살아가는 방법

○

부정적인 생각이 뒤덮을 때 벗어날 수 있는
나만의 '기분전환'이 필요하다. 퇴근 후 집에서 마시는 맥주 한 잔,
주말에 혼자 떠나는 여행 등 감정을 이길 수 있는 나만의 방법을 찾자.

좋은 스트레스가 있다고?!

○
○
○

당신이 지금 느끼는 스트레스는 좋은 스트레스일까, 아니면 나쁜 스트레스일까? 스트레스는 두 종류가 있다. 당신에게 긍정적인 영향을 주는 스트레스와 부정적인 영향을 주는 스트레스다.

우리는 흔히 '부담'이라는 말을 부정적으로 사용하지만, 부담이 긍정적으로 작용할 때도 있다. 적당한 부담감은 오히려 의욕을 돋우고 더욱더 노력하게 만들기 때문에 좋은 성과와 자신감을 가져다주기도 한다. 이렇게 긍정적으로 작용하는 스트레스를 심리학에서는 '유스트레스eustress'라고 부른다. 반대로 몸과 마음의 건강을 해치고 안 좋은 영향을 주는 부정적인 스트레스는 '디스트레스distress'라고 한다. <mark>당신이 지금 느끼는 스트레스를 전부 똑같은 스트레스로 취급하지 말고, '유스트레스'인지 '디스트레스'인지 구분해보자.</mark>

유스트레스는 당신을 더욱더 단단하게 만들어준다. 예를 들어, 지금까지 계속해왔던 일보다 훨씬 어려운 일을 하게 되거나 당신보다 경험과 실적이 풍부한 사람들과 경쟁하게 됐을 때 받는 스트레스는 노력과 성장을 필요로 하는 유스트레스라고 할 수 있다. 새로운 일을 맡게 되면 누구나 불안하고 도망치고 싶은 마음이 들 수 있다. 하지만 해보지도 않고 무작정 회피하기만 하면 영원히 발전할 수 없다. 지금 받는 스트레스가 자신의 성장을 위한 발판이라고 생각하고 도전을 두려워하지 말자. 조금씩 앞으로 나아가다 보면 이내 스트레스는 기분 좋은 자극으로 변할 것이다.

디스트레스를 받고 있다면 방치하지 말고 대책을 세워야 한다. 환경을 바꿔보거나 믿을 만한 사람과 상의하고, 나만의 스트레스 해소법으로 잠시라도 좋으니 스트레스를 날려버리자.

☑ 지금 받는 스트레스가 '유스트레스'인지 '디스트레스'인지 생각해보자. '디스트레스'라면 <쓸데없는 일로 머리 비우기>(127쪽), <나에게 편안함 선물하기>(180쪽)를 참고하자.

어쩔 수 없는 일에 신경 끄기

○
○
○

흔히 인생에는 오르막과 내리막이 있다고들 말한다. 내 인생이니 내 마음대로 오르막과 내리막을 선택할 수 있다면 얼마나 좋을까? 하지만 봄, 여름, 가을, 겨울로 바뀌는 계절을 우리가 멋대로 막거나 바꿀 수 없는 것처럼 자기 인생을 마음대로 선택할 수 있는 사람은 없다. 어차피 일어날 일은 일어나기 마련이다. 사람의 수명이 아무리 길어졌다 해도 언젠가는 반드시 죽음을 맞이하게 되는 것처럼.

그러나 우리가 컨트롤할 수 있는 게 하나 있다. 바로 '내 마음'이다. 인생의 흐름은 손쓸 방법이 없지만, 적어도 내 마음은 내가 선택할 수 있다. 어떤 일이든 마음먹기에 따라 감정과 태도도 달라진다.

어려움이 닥쳤을 때 그저 낙담하고 좌절할지, 극복하고 다시 일어설지는 모두 마음먹기 나름이다.

물론 무조건 참고 억지로 긍정적으로 생각해야 한다는 뜻은 절대 아니다. 원하지 않던 일이 일어났을 때나 인간관계가 잘 풀리지 않을 때 느끼는 부정적인 감정은 일종의 반응이다. 물론 그 반응이 짜증이나 분노로 표현될 수도 있다. 다만 어떤 감정을 선택하고 표출하기에 앞서 일단 크게 심호흡을 한 후 지금 내가 선택한 감정이 정말 나를 위한 것인지 다시 한번 생각해보자.

인생의 오르막 내리막은 사실 '마음의 오르막 내리막'이나 다름없다. 힘든 상황 속에서도 묵묵히 자신의 삶을 살아가는 사람은 스스로 행복하다고 생각한다. 이와 달리 모두가 부러워하는 삶을 사는 사람이라도 자신이 행복하다고 느끼지 않으면 그 삶은 절대 행복하다고 할 수 없다.

인생에 오르막과 내리막이 오거나 말거나 어차피 어쩔 수 없는

일에는 신경을 끄자. 그보다 내 마음에 귀를 기울이며 스스로 행복한

삶을 선택하자.

☑ '내 마음'은 내가 컨트롤할 수 있다.

쓸데없는 일로 머리 비우기

○
○
○

일을 마치고 집에 돌아가는 직장인들로 붐비는 퇴근길 지하철. 그곳은 얼굴에 피곤함이 덕지덕지 묻은 사람들로 가득하다. 얼핏 보기에도 무거워 보이는 커다란 가방을 축 늘어트리고 선 사람이나, 종일 팽팽했던 긴장의 끈이 풀렸는지 좌석에 쓰러지듯 앉아 잠들어버린 사람까지. 나는 이런 사람들을 볼 때마다 마음속으로나마 '수고하셨습니다'라고 인사를 건넨다. 오늘도 열심히 하루를 살아낸 사람들에게 '오늘도 고생 많으셨어요!'라고 응원을 보내고 싶은 마음이다.

많은 회사는 직원들에게 생산성과 효율을 높여야 한다고 귀에 딱지가 앉도록 강조한다. 반면, 휴식이나 놀이, 기분전환 등을 적극적으로 장려하는 회사는 거의 없다. 하지만 나는 오히려 충분한 휴식과 기분전환이 업무에 훨씬 도움이 된다고 생각한다.

인본주의 심리학의 창시자 에이브러햄 매슬로도 '코스팅coasting' (퇴행현상)의 중요성을 강조했다. 코스팅은 인간이 지적인 활동을 지속하기 위해 필요한 '휴식이나 활력을 얻기 위한 행동'을 가리킨다. 원래 코스팅은 자동차가 액셀러레이터를 밟지 않고 주행하거나 비행기가 엔진을 끄고 활주하는 것을 의미하는데, 이를 통해 인간의 '퇴행현상'을 표현하는 말로 쓰이게 되었다.

아침부터 밤까지 정신없이 일한 후 집에 돌아와 시원한 맥주 한 모금을 마시는 것도 코스팅이고, 업무 특성상 한시도 긴장을 놓지 못하는 사람이 주말에 낚시를 즐기며 멍때리는 일도 코스팅이다. 누군가의 눈에는 하찮고 쓸데없는 일로 보일지라도 당신에게 기분전환이 된다면 무엇이든 상관없다.

예술적이고 난해한 영화만 계속해서 보다 보면 아무 생각 없이 웃을 수 있는 영화가 보고 싶어지고, 건강을 위해 심심한 음식만 먹다 보면 자극적인 정크푸드가 먹고 싶어지는 것도 마찬가지다.

너무 일만 하지 말고 가끔은 쉬는 시간을 갖자. 종일 침대에서 빈둥거리거나, 만화책을 잔뜩 쌓아놓고 읽거나, 사우나에서 땀을 빼거나, 예능 프로그램을 보며 배꼽 잡고 웃어보자. 이런 게 모두 소중한 시간이다.

☑ 쉬거나 잠시 머리를 식히고 싶을 때 당신은 무얼 하는가? 잠시라도 좋으니 빈틈없이 꽉 들어찬 머릿속을 비우는 시간을 가져보자.

잠시만 끊어보자고요

내 기분에 이름 지어주기

○
○
○

왠지 모르게 기분이 별로인 날, 친구가 올린 SNS 게시물을 보고 더 우울해졌던 적이 있는가? 이름만 들으면 누구나 아는 회사에서 일하는 모습이나 가족들과 함께 행복한 시간을 보내는 모습, 딱 봐도 비싸 보이는 명품으로 치장한 모습 등을 보고 있으면 나도 모르게 어깨가 축 처지는 기분이 들 때도 있다. 그러나 이렇게 떨떠름함이 스멀스멀 올라올 때야말로 자기 자신과 마주할 기회다.

심리학 용어 중 '포커싱focusing'이라는 말이 있다. 미국의 철학자이자 심리 카운슬러인 유진 젠들린Eugene T. Gendlin이 처음 사용한 말로, 똑같은 심리 치료를 받고도 사람마다 효과가 다르게 나타나는 이

유를 찾기 위해 실시했던 실험에서 생겨난 용어다. 이 실험에 따르면 심리 치료로 효과를 본 사람들에게는 자신의 기분을 어떻게 말로 표현할지 열심히 생각한다는 공통점이 있었다. 뜻대로 말이 나오지 않아 고생하면서도 자기 생각과 기분을 정확하게 표현하기 위해 신중하게 단어를 골라가며 말하는 사람들은 심리적으로 빨리 안정되는 모습을 보였다.

반면 아무리 심리 치료를 받아도 별다른 효과가 없던 사람들은 "슬프다", "화가 난다"처럼 몇 가지 한정된 말로만 자기 기분을 표현했고, 더욱 세세한 감정을 표현하려고 노력하지도 않았다. 젠들린은 이러한 결과를 바탕으로 '확실히 표현할 수는 없지만, 몸에서 막연하게 느끼는 감각'을 '펠트센스felt sense'라고 이름 지었다.

몸이 느끼는 감각이란 문턱에 발을 찧었을 때 느껴지는 아픔과 같은 신체적 감각이 아니라 심리적 요인으로 인해 느껴지는 감각을 의미한다. 지나치게 신경을 쓰면 속이 더부룩해지는 느낌이라든가 과도한 스트레스를 받았을 때 머리가 조여오는 느낌처럼 말이다. 다른 사람이 올린 게시물을 보고 왠지 떨떠름한 기분이 든다면 그것이 바로 펠트센스다.

펠트센스를 느꼈다면 <mark>내 기분에 초점을 맞추어서(포커싱) 내 몸이 느끼는 감각에 적절한 이름을 지어주자.</mark> "재미없어", "짜증 나"처럼 한 단어로 단정 짓지 말고, 내가 느끼는 기분을 제대로 마주하고 어떻게 표현하면 좋을지 고민해보자.

내 기분에 집중해보자. 나는 무엇을 말하고 싶은 걸까? '이 사람은 주위 사람들에게 인정도 받고 돈도 많이 벌고 있나 보네. 그에 비해 나는 이렇게 열심히 하는데 딱히 칭찬해주는 사람도 없고 돈도 없고 정말 한심한 인생이네.'

펠트센스에 집중하면 어느 순간 '꼭 맞는 표현'이 떠오를 때가 있을 것이다. 내 기분을 말로 표현하면서 확실하게 인식할 때 비로소 '이거야! 내가 느끼는 기분이 바로 이거였어!'라며 속이 시원해지는 해방감이 찾아온다. 이러한 현상을 '펠트시프트 felt shift'라고 부른다.

내 기분과 제대로 마주하고 적절한 표현을 찾아 이름을 지어주자.

익숙해져서 요령이 생기면 부정적인 감정을 빨리 떨쳐낼 수 있고 마음이 훨씬 가벼워진다.

☑ ① 기분에 초점을 맞춘다(포커싱). ② 펠트센스(떨떠름함이나 찜찜함)에 이름을 지어준다. ③ 펠트시프트(해방) 한다. 이 3단계를 통해 나쁜 감정을 날려 버리자.

내 기분에 이름을 지어주자!

머릿속을 100% 확신으로 채우기

○
○
○

지금 당신에게 골머리를 앓게 하는 고민이나 이루기 힘든 소원이 있다고 해보자. 아마도 당신은 이 문제나 소원을 온종일 머릿속에 떠올리며 어떻게 하면 좋을지 해결책을 찾거나, 지금보다 더 열심히 노력하겠다고 다짐할 것이다. 분명 과거에도 비슷한 일이 일어났을 때 당신은 똑같이 했을 것이다. 그런데 그렇게 했을 때 만족할 만한 결과를 얻었는가?

나는 오히려 전혀 다른 새로운 방법을 추천하고 싶다. 지금 문제가 되는 고민이나 소원은 일단 제쳐두고 당신이 100% 확신할 수 있는 일을 생각하는 것이다. 아주 사소한 일이어도 괜찮다.

머릿속을 떠나지 않는 고민과 소원을 떠올리지 않는 연습만 되면 무엇이든 상관없다. '라면은 맛있다', '어린아이는 귀엽다', '고양이를 보면 편안해진다', '대자연은 감동적이다', '집에서 뒹굴뒹굴하는 것이 제일 좋다' 등 아주 간단한 것들도 좋다. 고민이나 소원과 전혀 관계가 없으면서 100% 확신을 갖고 말하거나 생각할 수 있는 것들이면 된다. 가령 '집에서 뒹굴뒹굴하는 게 제일 좋다'라고 생각했을 때 마음에 걸리는 부분이 조금이라도 있다면 다른 말로 바꾸어 생각하자.

이렇게 의심할 여지가 손톱만큼도 없는 것들을 떠올리면 머릿속은 100%의 확신으로 가득 찬다. 그리고 이내 그 믿음은 당신의 고민과 소원에까지 퍼져 나갈 것이다. '자신이 100% 믿을 수 있는 것'만 생각하고 말해보자.

☑ 해결되지 않은 고민과 소원은 제쳐두고 딱 일주일만 100% 확신할 수 있는 것만 생각해보자.

새로운 흐름을 만드는 '마법의 질문'

○
○
○

아침에 우연히 보게 된 TV 프로그램에서 "오늘의 럭키푸드는 사과입니다!"라는 말을 들으면 그날은 유난히 사과가 눈에 들어온다. 파란색 자동차가 사고 싶어지면 길에 이렇게 파란 자동차가 많았나 싶을 정도로 파란 자동차만 눈에 들어오고, 단발로 머리를 잘라볼까 하는 생각이 들면 그날부터 길거리에서 단발머리를 한 사람들만 보인다.

누구나 이런 경험을 한 번쯤 해보지 않았을까? 이처럼 특정한 무언가를 의식하기 시작하면 자연스럽게 관련 정보를 더 많이 보게 되는 현상을 두고 심리학에서는 '컬러 배스color bath 효과'라고 한다.

하루는 운동하러 지하철을 타고 헬스장에 가던 길에 갑자기 스페인어를 배우고 싶다는 생각이 들었다. 그리고 지하철에서 내려 헬스장까지 걸어가는 동안 우연히 어떤 간판 하나가 눈에 들어왔는데, 글쎄 방금 지하철에서 배우고 싶다고 생각했던 스페인어 학원 간판이 아닌가! 일주일에 한 번씩은 꼬박꼬박 이 길을 지나다녔는데도 지금까지 전혀 보지 못했던 간판을 이제야 발견한 것이다.

이처럼 사람은 자기가 보고 싶은 것에 신경이 집중되는 성향을 갖고 있다. 컬러 배스 효과를 우리의 일상생활에 응용해보면 어떨까. 당신이 지금 매우 짜증 나고 지친 상태라고 생각해보자. 이때 간단한 질문을 스스로 던져보자.

"지금 뭘 해야 내가 기분이 좋아질까?"

이것은 나쁜 흐름을 없애고 새로운 흐름을 불러오기 위한 마법의 질문이다. 밑줄 친 부분은 '편안할까?', '즐거울까?', '재밌을까?' 등 그때그때 맞는 표현으로 얼마든지 바꿀 수 있다. 질문을 듣고 유독 눈에 들어오거나 갑자기 떠오른 무언가가 있다면 지금 당장 그것을 하자.

컬러 배스 효과는 인간관계나 업무에서도 활용할 수 있다. 어색하고 불편한 사람을 만나거나 자신 없는 일을 맡게 되었을 때, 자기 자신에게 마법의 질문을 해보자. 내 의식의 초점을 '좋지 않은 일'에서 '좋은 일'로 옮기는 것이다.

"A 씨의 장점은 무엇일까?"
"내가 자신 있게 이 일을 하려면 어떻게 해야 할까?"

이 마법의 질문은 나쁜 흐름을 끊어내고 자기 자신을 긍정적인 상태로 만들 수 있는 무엇보다 강력한 자기 주문이나 다름없다.

☑ 당신은 지금 무엇을 해야 기분이 좋아질까?

부정적인 생각을 버리는 연습

분노와 열정은 한 끗 차이

○
○
○

　일부러 분노와 슬픔을 느끼려 하는 사람은 아마도 없을 것이다. 하지만 부정적인 감정을 두려워하고 무작정 피하기만 하면 오히려 곤란한 일을 겪게 될지도 모른다. 부정적인 감정을 느끼지 않는 대신 기쁨과 행복, 만족감 같은 긍정적인 감정마저 느끼기 어렵게 되기 때문이다.

　마음이 마비되면 고통을 느낄 수 없다. 그런데 기쁨이나 행복마저 느낄 수 없게 된다면 어떨까? 평온하지만 특별한 일이라고는 없는 매일매일 비슷한 날들, 재능을 발휘하지 못한 채 그냥저냥 지내는 평범한 인생. 고난과 시련이 따르지만 하루하루 변화하고 성장하는 날들, 마음껏 재능을 펼치며 살아가는 인생. 당신은 어떤 인생을 택할 것인가?

부정적인 감정은 잠깐 불쾌할지 모르지만 절대 나쁜 것이 아니다. 분노와 열정은 같은 뿌리에서 생겨난다. 불안과 두근거림도 마찬가지다. 이 감정들은 말 그대로 한 끗 차이여서 분노는 꿈을 향한 열정이 될 수 있고, 불안은 미래에 대한 두근거림으로 변하기도 한다.

한 번뿐인 인생, 어떤 감정이든 두려워하지 말자. 분노든 슬픔이든 기쁨이든, 행복이든 모든 감정을 만끽하며 하루하루를 살아가자.

☑ 지금 느끼는 분노와 불안을 종이에 써보자.

제5장

상식에 얽매이지 않는 연습

나답게 살아가는 방법

○

남들과 나를 비교해서 찾아낸 부족한 점을 채우기 위해

무엇인가를 하는 것은 의미가 없다.

지금 내 모습 그대로도 멋지고 훌륭하다고 스스로를 '칭찬'해주자.

평점이나 리뷰 없이 생활하기

○
○
○

온라인의 익명성을 둘러싼 논란은 어제오늘 일이 아니다. 최근에는 대형 커뮤니티나 트위터 등에서 익명으로 올라오는 악플이나 가짜 뉴스들이 사회문제로 번지는 일이 늘어나면서 온라인에서도 실명을 사용해야 한다는 목소리가 점차 높아지고 있다. 그렇지만 실명을 사용한다고 해서 모든 문제가 말끔히 해결되리라는 보장도 없다. 왜냐하면 실명에는 그 사람의 사회적 지위나 영향력이 드러나기 때문이다. "메시지가 아니라 메신저가 중요하다"라는 말처럼 사람들은 내용보다는 누가 말했는지에 더 민감하게 반응해서 '메신저'에 따라서 '메시지'의 힘과 영향력이 달라진다.

주로 건물의 외벽에 그림을 그려 거리의 예술가로 알려진 세계적인 아티스트 뱅크시Banksy가 본명을 숨기고 활동하는 이유도 실명이 가지고 있는 힘을 알기 때문이지 않을까? 뱅크시의 전시회에서 그림들을 보며 그런 생각이 들었다. 만약 뱅크시가 정체를 밝혔더라면 사람들은 그가 그림을 통해 전하려고 했던 메시지의 진짜 의도와는 상관없이 그의 출신이나 배경을 기반으로 메시지를 해석하려 했을 것이다. 결국 그림에 담긴 진짜 의미는 변질되고 힘을 잃어버릴지도 모를 일이다.

물론 익명의 정보가 무조건 신빙성이 떨어지고 영향력이 없다는 말은 아니다. 아마존이나 유명 맛집 정보 사이트 등에 올라오는 리뷰는 대부분 익명으로 쓰였지만 많은 사람이 신뢰하고 이용한다. 이름을 드러내지 않아도 되기 때문에 오히려 더 솔직하고 거침없는 평가들이 올라오기 때문이다. 그렇다면 영향력 있는 미디어나 유명인들로부터 온 정보를 무턱대고 받아들이지 않으면서도 익명의 근거 없는 정보에도 속지 않으려면 어떻게 해야 할까?

이 책에서 제안하는 〈정보는 몸으로 판단한다〉(74쪽)와 〈내 마음은 나침반〉(185쪽)을 참고해도 좋지만, 그 외에도 생활 속에서 쉽게 실천 가능한 방법을 몇 가지 소개하고 싶다. 바로 '가이드북 없이 여행하기', '작품 해설 없이 미술 작품 감상하기', '입소문이나 리뷰를 보지 않고 물건 사기(혹은 레스토랑 가기)'다.

여기에서 말하는 가이드북은 인터넷에서 볼 수 있는 여행 블로그나 인스타그램 등도 모두 포함된다. 아무런 정보도 모르는 상태에서 길거리를 걸어보고, 맛있어 보이는 음식을 먹고, 재밌어 보이는 장소를 찾아가보는 것이다. 오디오 가이드나 작품 옆에 붙어 있는 작품 해설에 의존하지 않은 채 미술 작품을 감상해보자. 입소문이나 리뷰를 보지 않고 물건을 사거나 몰랐던 새로운 레스토랑에 가보는 것도 추천한다.

이렇게 일상 속에서 연습을 반복하다 보면 자연스럽게 알게 될 것이다. 누구나 맛있다고 말하는 음식을 먹고 나 혼자 맛없다고 느껴도 잘못된 일이 아니라는 사실을 말이다. 모두가 재미없다고 평가하는 영화도 내가 보기에 재밌으면 그만이다. 자신의 감성과 느낌을 믿고 당당하게 재밌다고 말하자.

☑ 평점이나 리뷰에 연연하지 말고 내 눈에 재밌어 보이고 맛있어 보인다면 도전해보자.

이 도넛 분명 다들 맛없다고 했는데 너무 맛있잖아!?

(평점은 5점 만점에 3점이었지만⋯.)

상식에 얽매이지 않는 연습

내게 맞는 방법은 내가 제일 잘 안다

○
○
○

건강과 미용, 다이어트는 모든 사람의 관심사가 아닐까. 그래서 인지 매년 온갖 새로운 방법들이 등장하고 SNS에서 화제가 되거나 입소문을 타기라도 하면 사람들 사이에서 큰 유행이 되기도 한다. 그렇지만 모두에게 꼭 맞는 특효약이란 존재하지 않는 것처럼 각자에 게 맞는 건강법이나 다이어트 방법은 따로 있기 마련이다. 100명 중 99명이 효과를 봤다고 한들 단 한 사람이라도 효과가 없다고 느낀 다면 모두에게 효과적인 방법이라고는 말할 수 없다.

수면시간도 마찬가지다. 평균적으로 5~8시간 정도가 가장 이상 적인 수면시간이라고 하는데, 3시간만 자도 거뜬한 사람이 있고 10시간 이상 잠을 자도 늘 피곤한 사람이 있다. 전문가들도 모두 말이 달라서 어떤 사람은 7시간 내외로 자는 것이 좋다고 하고, 또 어떤 사람은 6시간 이상 연속으로 자면 신체 기능과 근육에 오히려 나쁜 영향을 준다며 5시간 자고 일어나서 다시 2시간을 자는 '분면分眠'을 추천하기도 한다.

시에스타siesta라고 불리는 낮잠 문화가 있는 나라도 있고, 보통은 모두가 잠들어 있을 시간인 새벽 2~4시 사이의 2시간이야말로 인간이 가장 창의적인 활동을 할 수 있는 시간이라는 의견도 있다. 문화와 시점이 달라지면 수면 방법 하나를 두고도 이렇게나 다양한 의견이 나온다.

한때는 나도 아침형 인간이 되려고 노력한 적이 있었다. 그런데 아침에 일찍 일어나면 낮에 도통 기운이 나지 않아 오히려 힘만 들고 무엇 하나 좋은 점이 없었다. 결국 아침형 인간을 포기하고 내 생활 리듬에 맞추어 기상 시간을 바꾸니 억지로 일찍 일어나려 애쓸 때보다 몸도 훨씬 가뿐하고 알람이 울리기도 전에 저절로 눈이 떠졌다.

"내게 맞는 방법은 내가 제일 잘 안다" 라는 말이 딱 들어맞는 순간이었다. 당연하다고 여겨지는 상식이나 전문가의 의견보다 자신의 몸과 마음에 의식을 집중해보자. 100명 중 99명에게 맞는 방법이 내게는 맞지 않을 수도 있다. 100명 중 1명이 되기를 두려워하지 말자.

☑ 내게 맞는 방법은 나 스스로 정하자.

고정관념 버리기

○
○
○

사람에게는 다양한 모습이 존재한다. 누구든 "이 사람은 이런 사람이야"라고 한마디로 정의할 수 없을 만큼 다양한 얼굴을 갖고 있기 마련이다. 회사와 가정에서 180도 달라지는 사람도 있고, 일종의 처세술처럼 상대에 따라 카멜레온같이 말투나 태도를 바꾸는 사람도 있다.

한창 혈액형별 성격 테스트가 유행했던 적이 있었다. 하지만 결과를 보고 "이것도 내 얘기 같고 저것도 내 얘기 같은데?"라며 의아했던 사람도 많았을 것이다. 그도 그럴 것이 겉모습만 봐서는 우락부락 그 자체인 사람도 무서워하는 것이 있고, 언제나 똑 부러지는 커리어우먼에게도 한없이 여린 소녀 같은 면이 존재하기 때문이다. 내성적이고 조용한 성격 때문에 어디 가서 손해는 보지 않을까 걱정되던 사람이 막상 부당한 상황에 닥치면 누구보다 큰 목소리를 내며 반전 모습을 보이기도 한다.

하지만 우리가 자주 접하는 미디어 속 인물들은 항상 정형화된 틀에 갇힌 채 하나의 모습으로만 그려진다. 특히 드라마를 보면 '깐깐한 여자 사장', '무기력한 샐러리맨', '열혈교사', '까칠한 왕언니', '수다쟁이 아줌마', '출세욕에 불타는 상사'처럼 하나의 역할에 대한 우리의 고정관념이 적나라하게 드러난다. 딱 하나의 모습만 강조하다 보니 다들 만화 캐릭터처럼 과장되어 있고 어디선가 본 적 있는 인물들만 줄줄이 등장한다. 이렇듯 미디어가 앞장서서 사람들에게 꼬리표를 붙이고 있으니 어찌 보면 사람들의 고정관념이 한층 더 심해지는 것은 당연한 일이다.

물론 나도 미디어의 영향에서 완전히 자유로울 수는 없지만, 사람들을 볼 때 겉으로 보이는 부분보다 보이지 않는 부분을 더 주의

상식에 얽매이지 않는 연습

깊게 보려고 항상 노력한다. 강인해 보이는 사람에게도 약한 부분이 있고 반대의 경우도 마찬가지니까 말이다.

잘 드러나지 않는 의외의 면을 발견해서 알려주면 상대도 매우 기뻐할 때가 많다. 아마도 남몰래 자신의 장점이라고 여겼던 부분을 인정받는 기분이 들어서가 아닐까? 나 역시 다른 사람으로부터 그런 말을 들으면 무척이나 감사한 마음이 들 것 같다.

내 진짜 모습은 그렇지 않은데 제멋대로 "당신은 이런 사람이야" 라고 단정하는 사람들의 말 때문에 가슴 아팠던 경험이 있다면, 지금 내 말과 행동이 다른 사람에게 똑같은 상처를 주고 있는 건 아닌지 다시 한번 생각해봐야 한다.

☑ 자신에 대한 고정관념 때문에 속상했던 적이 있는가? 당신에게 어떤 꼬리표가 붙어 있든 그건 당신의 진짜 모습이 아니다.

결혼 적령기는 마흔 살

○
○
○

신문이나 인터넷 뉴스 등을 보면 사람의 이름 뒤에 괄호로 나이가 쓰여 있는 걸 볼 수 있다. 일본처럼 나이에 민감하고 젊음을 자랑으로 여기는 나라도 드물 것이다. "그 나이로 안 보여요!"라든가 "동안 미녀"라는 말을 칭찬하는 표현으로 쓰고, 많은 사람들이 젊음과 아름다움을 유지하기 위해서라면 시간과 노력을 아끼지 않는다.

젊고 아름다워지기 위해 스스로 관리하고 노력하는 건 문제가 되지 않는다. 다만 유난히 나이에 집착하는 문화와 나이에 대한 고정관념을 바꾸지 않으면, 우리는 언제까지고 나이가 들어가는 것을 두려워할 수밖에 없다.

최근 몇십 년 동안 지구상에 전쟁 없는 평화로운 날들이 이어지고, 불치병이라 여겨졌던 여러 질병이 극복되면서 인간의 수명은 많이 늘어났다. 요즘에는 주위를 둘러봐도 누구나 자기 나이에 비해 훨씬 젊어 보이는 것은 물론 실제 나이보다 훨씬 더 에너지가 넘친다. 예전에는 55세만 되면 직장에서 은퇴하는 것이 당연했지만, 60세가 정년이 된 지도 이미 오래다. 심지어 70세가 넘어도 일할 수 있는 회사가 전체의 30%에 달한다고 한다. 우리 아버지만 봐도 68세에 회사를 그만두셨지만 여전히 기운이 팔팔하고, 할아버지는 87세의 연세로 돌아가시기 직전까지도 손에서 일을 놓지 않으셨다.

얼마 전 라디오에서 우연히 한 70대 여배우가 앞으로 하고 싶은 일에 대해 말하는 걸 들었다. 지금까지 줄곧 남편과 아이들의 뒷바라지를 하느라 정신이 없었으니 이제부터는 혼자 여행도 다니고 외국으로 유학도 가보고 싶다고 말하는 그녀의 목소리에는 생기가 넘쳤다. 나도 꼭 이 여배우처럼 새롭게 하고 싶은 일이 가득한 70대가 되고 싶다는 생각이 들었다.

80세 시대는 옛말이 된 지 오래다. 이제는 100세 시대다. ==새로운 시대를 맞이하여 나이에 대한 인식도 업데이트할 때가 되었다.== 살아가야 할 날들이 늘어났으니 나이를 20%씩 줄여서 생각하면 어떨까?

실제 나이 × 0.8 = 100세 시대의 나이

25세 → 20세	30세 → 24세
40세 → 32세	50세 → 40세
60세 → 48세	70세 → 56세
80세 → 64세	

이렇게 계산하면 30세는 성인이 된 지 고작 4년밖에 되지 않았다. 무엇을 좋아하고 어떤 일이 적성에 맞는지를 진지하게 고민하기에 딱 좋은 나이인 것이다. 아직도 갈 길을 찾지 못한 채 우왕좌왕하고 있다 해도 초조해하지 말고 다양한 일에 도전하고 경험을 쌓다 보면 틀림없이 언젠가는 나만의 재능을 발견할 수 있을 것이다.

마흔 살은 이직과 독립처럼 인생에서 중요한 결정을 내리기에도 좋고 배우자를 찾기에도 안성맞춤인 나이다. 요즘 들어 40대에 결혼하고 출산하는 사람들이 늘어나는 것은 100세 시대에 당연한 흐름인지도 모른다.

'지금 독립하는 게 무슨 의미가 있어', '결혼할 때가 지났네', '35세에 이직은 어렵지'와 같은 시대착오적 생각을 버리고 새로운 시대에 어울리는 나이로 살아가자. 예순은 흔히 '시니어 세대'라고 불리기 시작하는 나이지만, 새로운 나이로 생각하면 아직 48세에 불과하다. 사회에서 마음껏 자신의 능력을 발휘하고 아직도 갈 길이 먼 인생을 만끽하자.

☑ 기존의 나이에 얽매이지 말고 새로운 나이에 맞추어 살아가자.

지금은 '벌써 마흔'이 아니라 '겨우 마흔'인 시대다!

꼭 평범할 필요는 없잖아

○
○
○

나는 어렸을 때부터 평범하다는 말이 싫었다. 평범한 사람, 평범한 생활, 평범한 인생, 그리고 평범한 사고방식까지. 이상하게 평범이란 단어가 붙은 것들만 보면 반항하고 싶었다. 모두가 "YES"라고 외칠 때 나는 "NO"라고 말하고 싶었다. 평범하게 살아가는 사람들을 부정하려는 게 아니다. '이러한 인생이 평범한 인생이고 다른 것들은 전부 평범하지 않아'라고 멋대로 판단하고 평가당하는 것이 싫을 뿐이다.

우리는 암묵적으로 평범을 강요당하고 있다. 평범한 기준에 미치지 못하면 불완전한 존재처럼 취급당할 때조차 있다. "예뻐지려면 다이어트를 해야 해." "나이 어린 게 장땡이지." "그 돈으로 먹고살기

팍팍하지 않겠어?""그렇게 공부를 못해서 크면 뭐가 될래?" 살다 보면 수없이 듣게 되는 이런 말들로 마음이 조급해지고 때로는 비참한 기분이 들기도 할 것이다. 하지만 결핍이나 공포, 불안을 동기부여의 연료로 삼지 말자. 다른 사람과 비교했을 때 내가 불완전하다는 이유로 무언가를 해봤자 마음은 절대 충족될 수 없다.

"나는 필요 없어."

"나는 지금도 괜찮아."

"평범한지 아닌지는 내가 결정할 거야."

지금 내 모습 그대로도 아주 멋지고 훌륭하다고 스스로를 칭찬해 주자.

☑ '불완전하다'는 생각 때문에 억지로 노력하고 있는 일이 있는지 생각해보자.

잠시 쉬어가는 시간도 필요한 법

○
○
○

모든 일이 좀처럼 내 뜻대로 풀리지 않을 때가 있다. 분명 열심히 노력하고 있는데 성과가 나지 않을 때도 있다. 이럴 때는 아무리 찾아 헤매도 좋은 사람은 코빼기도 보이질 않고 무얼 해도 의욕이 나질 않아 매사에 심드렁하기만 하다. 인간관계도 삐걱거리고, 지금까지 잘해왔던 일도 이제는 꼴도 보기 싫어진다.

누구나 이런 시기를 겪어본 적이 있지 않을까? 또는 지금 '이거 완전히 딱 내 얘기잖아?'라고 느끼는 사람이 있을지도 모른다. 시간을 되돌릴 수도 없고 앞으로도 전혀 나아가지 못하는 상태. 나는 나름대로 애를 쓰고 있는데 기대에 미치지 못하는 결과만 나오는 정체감. 이렇게 '일시 정지' 상태에 머물러 있는 것만 같은 시기는 누구에게나 괴로울 수밖에 없다. 내게도 이런 정체기가 있었다.

마침 SNS를 그만두었던 시기와도 맞물렸던 터라 그때의 나는 딱히 하고 싶은 일도 없이 거북이처럼 느릿느릿 하루를 보내고 있었다. 나와 달리 친구들은 엄청난 속도로 바쁘게 일상을 보내며 눈부신 활약을 이어갔다. 비교하고 싶지 않았지만, 내 의지와는 상관없이 머릿속에서는 온갖 생각이 꼬리에 꼬리를 물고 이어졌다. 한 번 생각이 나면 무슨 짓을 해도 사라지지 않았다. 어떤 날은 '앞으로는 뭘 해야 하나' 하는 극심한 불안감에 잠을 설치기도 했다.

그렇게 한참을 지내다가 문득 지금의 정체기는 '잠시 쉬어가는 시간'이 아닐까 하는 생각이 들었다. 높은 빌딩의 계단을 보면 층과 층 사이에 '계단참'이 있다. 올라갈 때도 내려갈 때도 언제나 거쳐야 하는 편평한 공간이자 잠시 숨을 고를 수 있는 장소다. 계단참은 계단을 만들 때 없어서는 안 될 공간이다. 계단참이 없으면 구조적으로 안전하지 않을 뿐만 아니라 계단을 높이 올릴 수 없기 때문이다. 이와 마찬가지로 우리의 인생에도 몸과 마음을 단단하게 만들기 위한 시간이 필요하지 않을까. 나는 그 시간이 바로 '정체기'이자 '잠시 쉬어가는 시간'이라고 생각한다.

아무리 괴로운 일도 지나고 보면 하나의 순간에 불과하다. 내리막길만 죽 이어지는 인생은 없다. 언젠가는 반드시 도약할 때가 온다. 머물러 있는 시기가 지나면 다시금 눈앞에 나아갈 길이 펼쳐진다. 인생이란 원래 그런 법이다.

인생처럼 거창한 이야기가 아니라 다이어트를 할 때도, 공부할 때도, 습관을 들이기 위해 노력할 때도, 정체기는 찾아온다. 잠시 멈춰 있는 시간이 있어야 그동안 힘을 비축해서 더 멀리 훨훨 날아오를 수 있기 때문이다. 눈앞이 깜깜한 상황이 닥치더라도 그 순간을 잠시 쉬어가는 시간이라고 생각하면 조금은 마음에 여유가 생기지 않을까. 정체기는 당신을 위한 선물이다.

"더 좋은 경험을 하기 위해 지금 시간을 아껴두는 거야."

"더 멋진 사람을 만나기 위해 지금 혼자인 거야."

"앞으로 훨씬 바빠질 때를 대비해서 지금 체력을 아껴두는 거야."

당신을 위해 지금은 아무 일도 일어나지 않고 잠시 멈춰 있는 것뿐이다. 좋은 점이 또 있다. 그동안 정신없이 사느라 나를 위해 쏟지 못했던 시간과 에너지를 온전히 나만을 위해 사용할 수 있다는 점. 어쩌면 그동안 찾지 못했던 문제에 대한 답을 찾을지도 모르고, 번뜩이는 영감이 떠오를 수도 있고, 자기 자신에 대한 부정적인 생각이 사라지는 계기가 될지도 모른다.

지금 당신이 '잠시 쉬어가는 시간'에 있다면 그건 당신이 새로운 세계의 입구에 있다는 증거이기도 하다. 잠시 멈춰 있는 동안 쌓은 힘을 바탕으로 당신은 더 높은 곳으로 올라갈 테니 말이다.

☑ '잠시 쉬어가는 시간' 동안 앞으로 보게 될 새로운 풍경을 기대하며 기다리자. 불안해하거나 초조해할 필요 없이 편안하게 숨을 고르자.

상식에 얽매이지 않는 연습

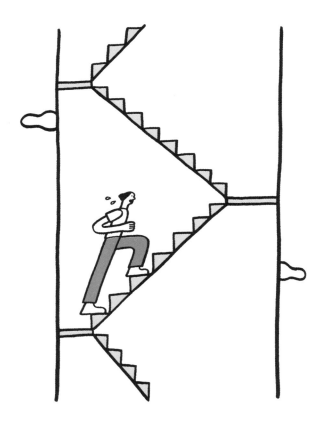

정체기는 더 높이 올라가기 위한 단계일 뿐.

사람은 과거에서 벗어날 수 있다

○
○
○

나는 초등학생 시절 학교에서 괴롭힘을 당했다. 신발이 없어지거나 의자에 압정이 놓여 있기도 했고 우산이 화장실 휴지통에 버려져 있던 적도 있었다. 불과 얼마 전까지만 해도 함께 놀던 친구들이 갑자기 나를 무시하고 괴롭히는 현실이 너무나 충격적이고 무서워서 아무에게도 털어놓지 못한 채 혼자 속으로 끙끙 앓기만 했다.

하지만 중학교에 올라갈 무렵 내 안에서 새로운 내가 눈을 떴다. 학급위원이나 선도부, 학생 자치회 위원을 뽑는 선거에 나가고 학급 신문을 만드는 데 앞장서며 학교 활동에 적극적으로 참여하기 시작한 것이다.

초등학생 때 우울한 마음을 달래기 위해 시를 썼던 것과 달리 중학생이 된 후에는 추리소설의 재미에 푹 빠져서 직접 추리소설을 써보고 싶어졌다. 소설을 쓸 때면 시간이 어떻게 가는지도 모를 정도로 즐거웠다. 마치 다른 사람이라도 된 것처럼 언제나 쾌활하고 기운이 넘쳤다.

잔뜩 기가 죽어 제대로 웃지도 못한 채 초등학교 졸업식 사진을 찍었던 게 불과 한 달 전인데, 전혀 다른 사람이라도 된 것처럼 항상 얼굴에 웃음이 가득했다. 지금 돌이켜보면 나도 내가 어떻게 그렇게 바뀔 수 있었는지 기억이 잘 나진 않지만, 중학교라는 새로운 환경이 나를 강하게 만들어준 것만큼은 확실한 것 같다.

같은 초등학교를 졸업한 친구들조차 내가 과거에 괴롭힘을 당했었다는 사실을 기억하지 못할 정도였다. 얌전하고 말주변이 없어 친구도 별로 없었던 데다가 공부도 운동도 딱히 잘하지 못해서 사람들에게 항상 흐릿한 존재로만 기억되던 나는 이제 친구들 사이에서 리더이자 추진력이 있고, 밝고 쾌활한 아이로 통하게 되었다.

심지어 나를 괴롭혔던 아이들조차 나와 친해지고 싶어 했다. 죄책감이나 미안한 기색 없이 다가오는 그들을 나도 아무 일도 없었던 것처럼 대했고, 우리는 금세 스스럼없이 어울렸다. 성인이 된 지금도 서로의 결혼식에 참석해 축하하고 자주 연락하며 변함없이 친하게 지낸다.

이런 일이 있었기에 나는 자신 있게 말할 수 있다. 사람은 얼마든지 과거에서 벗어날 수 있다. 과거에 어떤 불행한 일이 있었다 할지라도 당신은 언제든지 새로운 세상에서 새롭게 살아갈 수 있다.

☑ 과거에 힘든 일이 있었다 해도 나를 부끄러워하거나 비참하게 여기지 말자.

내 마음과 이어지는 연습

일상이 특별해지는 방법

스스로 편안함을 추구하는 사람은
자신의 마음속 이야기에 귀 기울일 줄 아는 사람이다.
자기 자신에게 '편안함'을 선물하자.

미뤄둔 일 해치우기

○
○
○

나는 공부나 일을 하다가 막히는 기분이 들면 책상 정리를 시작한다. 기왕 정리하는 김에 자리에서 벌떡 일어나 옷장 속 옷들을 다 끄집어내어 잘 안 입거나 마음에 안 드는 옷들도 골라낸다. 이러다가 정리에 꽂혀서 가뜩이나 옷도 별로 없는 옷장에서 옷의 80퍼센트 정도를 갖다 버린 적도 있다. 그 탓에 하는 수 없이 한동안은 단벌 신사로 지내야 했지만….

하루는 카드 회사에서 우편물이 도착했다. 대학생 때 만들었던 신용카드의 연회비를 내라는 독촉장이었는데 한동안 사용하지 않던 은행 계좌에서 돈이 빠져나가지 않아 연회비가 연체된 상태였다. 그런데 나는 이 알림을 받기 전까지 이런 카드를 만들었다는 사실조차 까맣게 잊고 있었다. 대학을 졸업할 무렵에 발급받고 한 번도 사용하지 않은 채 그동안 연회비만 내고 있던 것이다. 무려 20년 동안이나! 황급히 집 근처 ATM을 찾아 연회비를 내고 바로 고객센터에 전화해서 카드를 해지했다.

'언젠가 해야지'라고 생각만 하고 그대로 방치하면 그 '기억'은 머릿속 한구석으로 밀려나다가 결국엔 머릿속에서 조금씩 빠져나간다. 그러므로 무슨 일이든 처리해야 할 일은 바로바로 해야 한다. 귀찮아지기 전에 빨리 해치우겠다는 마음으로 일단 움직이면 가속이 붙어서 미뤄두었던 다른 일까지 착착 끝낼 수 있다.

도서관에서 대여한 도서 반납하기, 거의 사용하지 않는 컴퓨터용 책상 처분하기, 몇 년 전부터 계속 생각만 하다가 실행하지 못한 법인회사 해체 수속 밟기 등. 아무 생각 없이 몸을 움직이다 보면 기억이 빠져나가던 머릿속 구멍이 메워지면서 활력이 돌아온다. 모든 일을 끝마치고 나면 앓던 이가 빠진 것처럼 속이 다 시원하다.

당신에게도 미뤄놓은 일이 있을 것이다. 각종 요금 수납이나 영수증 정리, 매번 버리는 요일을 착각하는 바람에 쌓여 있는 재활용 쓰레기, 해보려는 시도는 좋았지만 필요한 물품을 사러 가기 귀찮아 중간에 그만둔 셀프 인테리어. 이 밖에 일일이 헤아리기 힘든 사소한 것까지 모두 꼽자면 한도 끝도 없을 것이다.

지금 책을 읽다가 생각난 일이 있다면 바로 해치워버리자. 또는 스케줄표에 "미뤄둔 일을 처리하는 날"이라고 일정을 적어놓자. 하나씩 일을 해치울 때마다 불끈불끈 힘이 솟아날 것이다.

☑ 미뤄놓은 일을 모두 적어놓고 간단한 일부터 하나씩 해치우자.

나에게 편안함 선물하기

○
○
○

자기 자신에게 편안함을 선물하자. 그러려면 먼저 나의 '오감'을 즐겁게 만들어야 한다. 맛있는 음식으로 '미각'을, 질감 좋은 물건으로 '촉각'을, 좋은 향기로 '후각'을, 아름다운 풍경과 예술 작품으로 '시각'을, 그리고 사랑하는 음악과 귀여운 동물의 울음소리로 '청각'을 한껏 즐겁게 만들어주자.

내 주위에는 텃밭 가꾸기와 빵 만들기에 푹 빠진 사람들이 있는데, 흙을 밟고 반죽을 조물거릴 때 느껴지는 감각(촉각)이 마음을 편안하게 해주고 치유해주는 기분이라고 한다. 그 밖에도 가장 좋아하는 아로마 오일의 향기, 희미하게 흔들리는 촛불의 불빛, 마음에 쏙

내 마음과 이어지는 연습

드는 입욕제, 사랑하는 아이나 반려동물과의 스킨십, 정성을 담아 내린 나만의 특제 드립 커피. 나의 오감을 즐겁게 해줄 것들은 넘쳐난다. 내 마음이 편안해지는 포인트를 스스로 발견해보자.

편안함에 집중하다 보면 점점 불편함에 민감해지기 시작한다. 나의 편안함을 가장 중요하게 여긴다는 것은 다시 말해 자기 자신을 소중하게 여기고 내가 진짜 원하는 것이 무엇인지 알게 된다는 의미이기 때문이다.

그럭저럭 잘 지내던 친구가 갑자기 어색해지거나 잘 다니던 회사가 숨 막히게 답답해지는 등 변화가 찾아올 수도 있다. 도대체 예전에는 어떻게 이런 사람과 함께 시간을 보내고, 이런 대우를 받으며 일했는지 새삼 깜짝 놀라게 될지도 모른다. 불편해진 인간관계나 환경과 거리를 둘 것인가, 아니면 아예 새로운 인간관계나 환경을 찾아볼 것인가? 그것에 대한 답은 나의 '마음속'에 있다. 스스로 편안함을 추구해 나간다면 자연스럽게 자신의 마음에 귀를 기울이고 답을 찾을 수 있게 된다.

잠시만 끊어보자고요

☑️ 나의 오감이 기뻐하는 일을 찾아보자. 편안함에 익숙해진 다음에야 비로소 불편하게 느껴지는 사람이나 환경이 있을지도 모른다.

내 마음과 이어지는 연습

잠시만 끊어보자고요

내 마음은 나침반

○
○
○

가끔 글을 쓰기 위해 호텔을 찾을 때가 있다. 낯선 동네에서 대략 일주일, 길어지면 2주가량 머물며 글을 쓰다가 글감이 떠오르지 않을 때는 기분전환도 하고 운동도 할 겸 근처로 산책을 나간다. 예전에는 핫플레이스라고 소문이 자자한 가게나 카페 등을 미리 검색해서 구글맵을 보며 일부러 찾아가기도 했지만, 어느 날부터인가 문득 그러기 싫어졌다. 오롯이 나만의 경험을 만들고 싶었다. 그래서 지도도 없이 내 마음을 '나침반' 삼아 걸어보기로 했다.

스마트폰은 방에 둔 채로 몸만 달랑 나갔다. 눈앞에 전혀 모르는 낯선 거리가 펼쳐졌다. 번화가가 어느 쪽이고 역이 어느 방향에 있는지만 어렴풋이 알고 그 외에는 전혀 모르니 그야말로 이방인과 다를 바가 없었다.

앞으로 가볼까? 오른쪽으로 꺾을까? 왼쪽으로 가볼까? 머리로는 '저쪽으로 가야 가게들이 많을 것 같아'라고 생각하면서도 좀처럼 선뜻 마음이 가지 않을 때도 있다. 쭉 앞으로 직진해야 할 것 같은 생각이 드는데, 마음은 왼쪽으로 가고 싶다고 외친다. '이쪽에는 아무것도 없을 것 같은데….' 미심쩍어하면서 걷다 보면 한적한 주택가 한복판에 고풍스러운 카페가 홀연히 나타나기도 했다. 이런 소소한 재미 덕분에 걸음을 멈출 수가 없었다.

길은 항상 여러 갈래로 나뉜다. 그래서 교차로에서 신호를 기다리느라 시간이 걸리고, 오가는 사람들과 부딪히지 않게 조심도 해야 한다. 하지만 '길 한복판에 멈춰 서서 두리번거리면 주위 사람들이 이상하게 볼지도 몰라' 하고 걱정부터 하면 내 마음속 진짜 목소리는 들을 수 없다.

처음에는 오른쪽으로 가려다가 '아니야, 왼쪽이 맞아'라고 발길을 돌리는 것은 머리가 내리는 판단이다. 지금까지 한 경험을 바탕으로 무엇이 더 멋지고 좋은지 평가를 내리는 것이다. 그런데 머리가 하는 말을 우선시하면 '어느 쪽으로 가야 호텔이 더 가까울지' 판단하고, 맞는지 틀리는지 평가하기 바빠서 내 마음의 소리를 놓치게 될지도 모른다.

마음의 소리가 머릿속 판단에 묻히지 않도록 생각은 잠시 잠재우고 마음을 차분히 가라앉혀보자. 그리고 내 마음에게 아주 조심스럽게 묻는 것이다.

"너 어디로 가고 싶니?"

그렇게 가장 처음 느껴지는 반응에 따르자. '오른쪽으로 가고 싶어'라는 마음의 소리가 확실하게 느껴질 때가 있는가 하면, 무심코 가고 싶은 방향을 바라봤을 때 가슴이 쿵쾅거리며 뜨거워지는 느낌이 들 때도 있을 것이다.

따뜻함, 두근거림, 눈앞이 번쩍하고 밝아지는 느낌, 편안해지는 느낌, 기운이 솟는 느낌이 느껴진다면 그것이 바로 내 마음의 목소리, 내 마음이 내리는 답이다.

☑ 마음을 나침반 삼아 낯선 거리를 걸어보자. 그리고 마음이 말해주는 대로 발을 옮겨보자.

189

내 마음과 이어지는 연습

메뉴 선택은 마음 가는 대로

○
○
○

마음을 나침반으로 삼는 연습을 하기에 가장 좋은 것이 바로 매일 먹는 삼시 세끼 식사다. 밥을 먹을 때마다 무엇을 먹을지 마음에 메뉴 선택을 맡겨보자.

회사 구내식당이나 거리의 식당에서 밥을 먹을 때, 퇴근길 마트에서 식사 재료를 살 때, 배달 앱에서 음식을 고를 때, 메뉴나 재료들을 하나하나 꼼꼼히 살펴보면서 스스로에게 이렇게 물어보는 것이다.

"어떤 종류의 음식이 먹고 싶어?"
"어떤 가게에 가고 싶어?"

"고기가 좋아, 생선이 좋아?"

"음료나 디저트도 먹을까?"

처음에는 평소보다 훨씬 오랜 시간이 걸릴 뿐만 아니라 마음이 내놓은 대답이 못 미더워 선뜻 메뉴를 결정하기 망설여질 것이다. 나도 그랬다. 배달 앱으로 점심을 주문하기로 하고 마음을 나침반으로 삼아 메뉴를 고르기 시작했다. 그런데 메뉴를 고르는 데만 평소보다 네 배 이상의 시간이 걸렸고, 그것도 모자라 최종 후보에 남은 메뉴들은 내가 평소에 즐겨 먹지 않던 것이었다.

머리가 내린 판단과는 정반대로 마음은 단골 가게에는 전부 무반응이었고, 한 번도 시켜본 적 없는 가게의 먹어본 적 없는 메뉴에만 마음이 빼앗겼다. 심지어 팬케이크와 버블티처럼 싫어하지는 않지만 딱히 좋아하지도 않는 음식에만 말이다. 마음의 목소리에 당황한 내 머릿속은 '달달한 음식만 시켜서 식사가 될까?', '채소가 좀 더 필요할 것 같은데'라며 온갖 트집을 잡기 시작했다. 그러다가 불현듯 깨달았다. '채소를 먹어야 몸에 좋아', '저건 디저트지 식사라고 할 수 없어', '내가 팬케이크와 타피오카 음료를 시키다니 이상해'라는 생각이야말로 머리가 내린 판단으로 나를 설득하려 하는 것이었다.

결국 마음을 나침반으로 삼는 연습을 위해서는 어쩔 수 없다고 스스로 되뇌며 처음에 마음이 반응한 팬케이크와 버블티를 주문했다. 식사를 마친 후 첫 느낌은 '뭐, 나쁘지 않네'였다. 맛은 딱 기대만큼이었지만, 마음의 반응은 분명히 달랐다. 조금의 불만도 더 원하는 것도 없는 더할 나위 없는 마음. 말로 표현하기 힘든 행복이 온몸을 감싸는 기분이 들었다. '마음이 충족되면 이런 느낌이구나!'라는 감동마저 느껴졌다.

마음의 반응은 머리가 내리는 판단과는 달리 예측이 불가능하다. 왜냐하면 머리와 마음이 따로 놀기 때문이다. 하지만 마음을 나침반으로 삼는 연습을 거듭하면 머리와 마음의 거리도 조금씩 가까워진다.

잠시 생각을 멈추고 내 마음에 집중하면 그 기대에 보답이라도 하듯 마음은 더욱 활발하게 반응한다. 처음에는 마음의 대답을 듣기까지 오랜 시간이 걸릴지도 모르지만, 머지않아 바로바로 반응해줄 날이 올 것이다. 내가 마음의 목소리를 듣고 그대로 움직일수록 마음은 더욱더 명쾌한 답을 준다. 이렇게 서로의 긍정적인 반응들이 쌓여갈수록 마음과 나는 점점 더 서로에게 없어서는 안 될 존재가 될 것이다.

☑ 게임 하듯이 자신의 마음과 이야기를 나눠보자. 오늘 무엇을 먹을지 마음에게 묻고 메뉴를 정해보자.

어떤 상황에서도 마음에 솔직하기

○
○
○

오래전에 발리에 사는 친구와 함께 자카르타에서 강연회를 열려고 준비했던 적이 있다. 외국에서 강연회를 여는 일은 내 오랜 꿈이었는데, 마침 친구가 발리에 있던 터라 내가 강연회를 주최하면 친구가 강연을 맡아주기로 한 것이다. 그래서 원래 싱가포르나 홍콩에서 하려던 계획을 바꿔 친구가 살고 있던 인도네시아의 수도 자카르타에서 강연회를 열기로 했다.

나는 마음을 정하자마자 사전 답사 겸 현지를 살피러 친구와 함께 자카르타로 향했다. 그런데 막상 도착해보니 그곳은 내 생각과는 전혀 달랐다. 자카르타에는 강연을 위한 장소나 회의실이 별로 없어서 대형 쇼핑몰이나 호텔 등을 사용할 수밖에 없는 데다가 조명이나 무대도 별도로 설치해야만 했다. 당초 예상보다 너무 많은 돈이 필요했고, 들어간 비용만큼 사람이 올지도 장담할 수 없었다. 아무리 생각해도 적자를 면하기란 불가능에 가까워 보였다.

결과가 뻔히 보이는데 쓸데없이 고집을 부려봤자 아무 소용없는 일이었다. 여러 가지로 애써준 친구에게는 정말 미안했지만, 고심한 끝에 강연회를 못 할 것 같다는 이야기를 친구와 나누고 있는데 갑자기 친구의 스마트폰이 울렸다. 메일이 도착했다는 알림이었다. 메일을 읽던 친구의 입에서 "와!" 하고 탄성이 터져 나왔다. 자카르타에서 일하고 있는 여성 기업가가 친구에게 싱가포르에서 강연을 해보지 않겠냐고 메일을 보낸 것이었다.

친구도 나도 자카르타에 있다는 사실을 누구에게도 알린 적이 없었는데 신기했다. 자카르타에 머무는 일정도 고작 며칠에 불과했다. 그런데 놀랍게도 그 짧은 일정 사이에 자카르타에 살고 있는 사람으로부터 강연 요청을 받다니! 심지어 원래 내가 강연회를 열고 싶었던 싱가포르에서 말이다!

메일 한 통으로 금전적 위험 부담이 말끔히 사라졌을 뿐만 아니라 나도 친구와 함께 강연회에 강연자로서 설 수 있게 되었다. 일이 이상할 정도로 술술 풀려서 놀람과 흥분으로 몸이 떨릴 지경이었다. 만약 그때 내가 현실적으로 어렵다는 사실을 알면서도 자카르타에서 무리하게 강연회를 진행했다면 금전적인 부담도 부감이거니와 청중을 모으기도 힘들어서 오히려 청중들에게 민폐만 끼쳤을지도 모른다. 하지만 지레 겁을 먹고 자카르타에 사전 답사를 오지 않았더라면 이런 기막힌 행운도 절대 찾아오지 않았을 것이 틀림없다.

결국 우리는 그해에 싱가포르에서 강연회를 개최했고, 현지 사람들의 열띤 호응 속에서 성공리에 강연을 마쳤다. 또 그 먼 곳까지 친구들이 찾아와주어서 강연이 끝난 후에는 느긋하게 여행도 즐겼다. 정말 행복한 시간이었다.

이 꿈만 같은 경험을 통해 배운 것이 있다. 내가 처한 상황에서 할 수 있는 한 최대한으로 행동해야 한다는 것, 그리고 내 마음에 솔직해져야 한다는 것, 바로 그것이다.

☑ 불가능하다며 포기해버리기 전에 할 수 있는 모든 일을 해보자. 그러면 새로운 문이 열릴지도 모른다.

내 마음과 이어지는 연습

자기 자신과 단둘이 되는 홀로 합숙

○
○
○

북미 인디언 부족의 남자아이들은 정해진 나이가 되면 혼자 숲이나 깊은 산 속에 들어가 며칠간 마시지도 먹지도 않는 '비전 퀘스트 vision quest'라는 통과의례를 반드시 거쳐야만 한다. 비전 퀘스트의 목적은 인생의 사명을 발견하는 데 있다. 야생에 몸을 맡긴 채로 이 세상에 태어난 의미와 의의를 스스로 깨닫는 과정이다. 비전 퀘스트는 보통 성인이 되기 전에 수행하는데, 자신의 사명을 발견하는 일이 그들에게는 곧 성인이 됨을 의미하는 것이다.

나는 이 이야기를 듣고 현대 사회를 살아가는 우리에게도 자기 자신을 알기 위한 비전 퀘스트가 필요하다는 생각이 들었다. 그래서 생각해낸 것이 바로 이름하여 '홀로 합숙'이다.

홀로 합숙이란 금요일 저녁에 일이 끝나면 그 길로 호텔에 체크인해서 월요일 아침까지 호텔 밖으로 나가지 않고 지내는 3박 4일의 여정을 말한다. '온전히 홀로 지낼 수 있는 시간'은 많으면 많을수록 좋지만, 3박 4일이 힘들다면 적어도 하룻밤 이상은 시간을 확보하길 추천한다. 회사나 집 근처 호텔에서 묵으면 이동하는 데 쓸데없이 시간을 허비하지 않아도 되니 조금이라도 더 많은 시간 동안 홀로 합숙이 가능하다.

이번 달 카드값, 상사의 실적 압박, 자녀 양육과 교육 문제, 마음에 들지 않는 회사 동료와의 인간관계…. 이런 일들은 모두 머리에서 깨끗이 지우고 오직 나만을 위한 시간을 갖자. '자기 자신과 단둘'이 되어보는 것이다.

홀로 합숙을 하는 동안에는 스마트폰을 아예 꺼두거나 비행기 모드로 바꿔놓는 것이 좋다. 식사는 룸서비스나 배달을 이용하고, 둘다 힘들 때는 체크인 하기 전에 호텔에서 먹을 음식을 미리 준비해 오면 된다. 아무도 방해할 수 없는 나만의 시간과 공간을 확보하는 것이 가장 중요하다.

홀로 합숙의 목적은 나를 이해하는 데 있다. 하나의 주제를 정해서 내 마음속 목소리를 가만히 들어보자. 앞으로 커리어를 어떻게 쌓아갈 것인지, 업무상 파트너나 부부관계 등 특정 인간관계를 어떻게 유지해 나갈 것인지, 현재 내가 무엇에 행복을 느끼고 어떨 때 행복하지 않은지 등등. 노트와 펜을 준비해서 자기 자신의 내면의 목소리와 이야기를 나누어보자.

또 홀로 합숙은 감정을 쏟아낼 수 있는 모처럼의 찬스이기도 하다. 어른이 되고, 누군가와 함께 살면 마음대로 엉엉 소리 내어 우는 것도 쉽지 않다. 호텔 방에서만큼은 눈물 나는 슬픈 영화나 음악을 틀어놓고 소리 높여 실컷 울 수 있어서 좋다.

가슴 속에 쌓아두기만 했던 감정을 모조리 쏟아내고 난 후 그 후

련함에 감동할지도 모른다. 모든 것이 끝나면 다시 새로운 일상으로 돌아가자.

☑ '홀로 합숙' 계획을 짜보자. 금요일 밤부터 월요일 아침까지 3박 4일 일정을 추천한다. 너무 길다면 1박 2일도 좋고, 그마저도 어려울 땐 호텔에서 단 몇 시간만 보내도 좋다.

내 마음과 이어지는 연습

오늘은 나와 단둘이 어떤 이야기를 나누어볼까?

동물에게 배운 조건 없는 사랑

○
○
○

부모님과 함께 살던 본가에서는 고양이를 무척 많이 키웠다. 임시 보호하던 고양이가 한 마리, 두 마리 늘어나다가 결국엔 여덟 마리를 한꺼번에 키운 적도 있었다. 혼자 살게 된 후 고양이를 키우고 싶은 마음은 굴뚝같았지만, 국내는 물론 해외 출장이 잦은 내가 반려동물까지 돌보기는 어려울 것 같아 망설이기만 했다.

그런데 당시 사귀던 남자친구 때문에 고민하던 어느 날, 겨우 마음의 정리를 끝내고 남자친구와 헤어져야겠다고 결심한 바로 그 순간, 갑자기 '고양이와 가족이 되고 싶다'는 생각이 들었다. 그것은 충동이라기보다 확신에 가까웠다. 동네에서 어느 정도 거리가 있는 곳에 동물 입양을 할 수 있는 곳이 있다는 게 떠올랐고, 그곳에 내 가족이 될 고양이가 있다는 느낌이 들었다. 그리고 한 시간 후 나는 고양이와 함께 택시를 타고 집에 돌아왔다.

집에 돌아오는 길, 거리 위에 뜬 무지개를 차창 밖으로 바라보며 내 확신이 틀리지 않았음을 다시 한번 확인했던 기억이 떠오른다. 이렇게 나와 가족이 된 고양이는 인생의 쓴맛을 제대로 맛보고 만신창이가 되어버린 나를 몇 번이나 구원해주었다. 고양이가 나에게 온 이후 남자친구와의 관계도 깔끔히 정리했고, 전보다 웃는 날이 훨씬 더 많아졌다. 지금도 함께 생활하는 고양이는 이제는 누구와도 바꿀 수 없는 소중한 파트너다.

반려동물과 함께 살며 가장 먼저 배운 것은 바로 '조건 없는 사랑'이다. 강아지나 고양이에게 일해서 돈을 벌어오기를 바라거나 내가 말하는 대로만 행동하기를 기대하는 사람은 없을 것이다. 반려동물을 키우는 모든 사람의 바람은 그저 동물이 건강하게 내 곁에 오래 있어주기를 바라는 마음뿐이다.

동물과 달리 사람에게는 바람과 기대가 생기기 마련이다. 그 대상이 사랑하는 자녀일지라도, 아니 자녀이기에 더욱더 기대하는 마음이 생길 수밖에 없다. 내가 주는 조건 없는 사랑도 결코 일방통행은 아니다. 오히려 나는 동물에게 내가 준 사랑보다 더 큰 사랑을 듬뿍 받는다. 동물을 바라볼 때 샘솟는 상냥함과 따스함을 온몸으로 느껴보자.

☑ 동물의 사진이나 영상을 보면 실제로 불안과 스트레스가 감소한다고 한다. 직접 키우는 게 어렵다면 하루쯤은 동물 보호 센터에 가서 봉사활동을 해보자.

205

정말 소중한 것과 이어지는 연습

당당하게 나아가는 방법

○

인생에서 정말 중요한 것들은 가까이에 있다.

진심으로 나를 아끼는 가족과 친구들, 지금의 나를 만들어준 추억들과

바로 '나 자신'이다. 정말 중요한 것과 이어지는 연습을 시작해보자.

어린 시절 좋아했던 것들 떠올리기

○
○
○

조향사 겸 사업체 대표로 활동하고 있는 친구가 며칠 전에 향수 브랜드 매장을 열었다는 소식을 듣고 축하하러 들렀다. 한적한 주택가에 자리 잡은 매장은 작은 마당이 있는 단독주택 형태였다. 커다란 창밖에는 마치 발리에 와 있는 것 같은 착각을 불러일으킬 만큼 나무와 꽃들이 무성했고, 오후의 부드러운 햇살이 가게 전체를 따스하게 감싸 안고 있어서 아주 멋스러웠다.

매장 한쪽에는 조향 작업을 할 때 사용하는 책상과 향수로 가득 찬 선반이 놓여 있었는데, 친구가 열다섯 살 때부터 수집한 향수 컬렉션의 일부를 가져다 놓은 것이라 했다. 크기와 모양은 제각각이지

정말 소중한 것과 이어지는 연습

만 하나같이 아름다운 향수병들을 바라보고 있자니 향수를 사랑하는 친구의 마음이 고스란히 느껴졌다. '좋아함'의 힘은 이렇게나 위대하다. 당신에게도 분명 있을 것이다. 어린 시절 시간이 날 때마다 푹 빠져서 했던 일. 시간이 가는 걸 까맣게 잊어버릴 정도로 엄청나게 좋아했던 일.

나는 초등학교 5학년 때 글쓰기를 시작했다. B5 크기의 노트를 사서 생각날 때마다 틈틈이 시를 썼다. 그때 나는 무척 힘든 시기를 지내고 있었다. 이유 없이 나를 괴롭히던 친구들과 전혀 힘이 되어주지 않았던 담임선생님 때문에 매일 아침 학교에 가는 일이 너무 괴로웠다.

어린 시절의 나는 무슨 일을 하든 꼭 한 박자씩 느려서 다른 사람과 대화하는 일이 무척 어렵게 느껴졌다. 하고 싶은 말이 있어도 좀처럼 입 밖으로 말을 꺼낼 수가 없었다. 왜 나는 다른 친구들처럼 자신 있게 말할 수 없는지 스스로가 답답하고 한심했다. 항상 외톨이였던 내게 친구가 생긴 건 중학교에 들어가고 나서였다. 노트에 소설을 쓰고 있던 나를 보고 또래 여자아이 세 명이 먼저 말을 걸어준 것이다. 내가 글쓰기를 좋아했던 것처럼 그림 그리기와 만화에 푹 빠져 있던 친구들의 제안으로 우리는 함께 모여서 창작 활동을 했다.

각자가 쓰고 그리는 작품에 똑같은 인물을 등장시키기도 하고, 작품 속 주인공과 친구들의 이름을 짓기 위해 한참 동안 열띤 토론을 펼치기도 했다. 내가 맡은 건 추리소설이었는데, 수업시간에도 선생님에게 들키지 않으려고 교과서를 가림막으로 삼아 소설 쓰기에 열중했다. 가끔은 선생님께 들켜 혼나기도 했지만, 그마저도 마냥 즐거웠다. 그리고 마침내 노트 세 권 분량의 소설을 끝마쳤다. 완성된 소설을 읽은 친구들이나 주위 어른들이 재밌다며 칭찬해주는 것도 기뻤지만, 무엇보다 작품을 끝까지 써낸 내가 무척이나 대견하고 자랑스러웠다. 지금 돌이켜보면 소중한 친구들과 만날 수 있었던 것도, 첫 작품을 완성하는 기쁨과 뿌듯함을 느낄 수 있었던 것도, 모두 내가 글쓰기를 좋아했기에 가능한 일이었다.

나이가 들면서 타인의 말이나 세상이 당연하다고 여기는 상식이

정말 소중한 것과 이어지는 연습

끼어들기 시작하면 '좋아함'의 힘도 조금씩 사라진다. 그저 좋아하는 마음으로 움직이기보다 돈은 벌 수 있는지, 다른 사람과 비교했을 때 더 나은 일인지, 누구에게나 인정받는 일인지를 하나하나 계산하고 행동하게 되기 때문이다.

좋아하는 일을 앞에 두고 이것저것 따지고 있는 스스로를 발견한다면, 열다섯 살 시절의 내가 어땠는지 돌이켜보자. 그때 내가 좋아했던 일에는 시간이 가는 것도 잊을 만큼 엄청난 힘이 있다.

☑ 어린 시절 푹 빠져서 했던 일을 떠올려보자.

믿음은 사람을 강하게 한다

○
○
○

친구들 네 명과 스페인 여행을 떠난 적이 있다. 이른바 '산티아고 순례길 여행'. 예수의 열두 제자였던 성 야고보St. James의 무덤이 있는 스페인 북서쪽 도시 산티아고 데 콤포스텔라로 향하는 순례의 길을 하염없이 걷는 여행이다. 원래는 장장 800킬로미터에 달하는 길을 한 달에 걸쳐 걷는 것이 정석이지만, 우리는 도착지에서 120킬로미터가량 떨어진 지점에서 시작하는 5일짜리 코스를 선택했다.

천 년이 넘는 시간 동안 기독교 신자는 물론 종교와 상관없이 전세계 사람을 매료시킨 길. 특히 날씨가 좋은 계절에는 수많은 순례자가 이 길을 찾는다. 가리비를 본떠 만든 이정표는 순례자의 상징이기도 한데 이것이 길목마다 있어 길을 잃을 염려는 없다. 또 몇 킬로미터 간격으로 순례자를 위한 숙박 시설(알베르게)이 있는데, 5유로에서 10유로 정도면 하룻밤을 묵을 수 있다.

새벽 네 시 무렵에 일어나 간단하게 아침을 먹고 아직 어슴푸레한 길을 걷기 시작한다. 시골길이 계속해서 이어지는 순례길을 걷다 보면 갈리시아 지방 특유의 돌로 만든 집에서 풍기는 가축들의 변 냄새가 코를 찌른다. 종일 걸어서 지쳐버린 몸 안으로 갓 내린 따뜻한 커피와 스페인 오믈렛이 스며든다.

그날의 종착지로 정한 숙소에 도착한 시간이 오후 5시쯤. 하루에 30킬로미터를 걷다 보면 발바닥에 물집이 잡히고 온몸이 두들겨 맞은 것처럼 아프다. 하지만 순례길에서는 다리와 허리의 건강함을 뽐낼 필요도, 얼마나 빠른지 경쟁할 필요도 없다. 그저 매일 한 발자국, 한 발자국 나아가다 보면 어느새 목적지에 다다라 있다. 산티아고 대성당 앞에서 친구들과 함께 부둥켜안고 완주를 축하할 때 느꼈던 성취감과 감동은 지금 생각해도 가슴이 벅차오르게 한다.

순례길을 막 걷기 시작했을 때만 해도, 기운이 넘쳤던 우리는 수다를 떨며 나란히 걸었다. 그런데 시간이 흐르자 자연스럽게 제각기 자신의 속도에 맞추어 걷고 있었다. 아무 말 없이 묵묵히 걷기만 했다. 완주한 다음 한 친구에게 물으니, 순례길을 걷는 동안 자신이 지금 성스러운 길을 걷고 있다는 감동이 밀려들어 그저 기도하는 마음으로 발걸음을 옮겼다고 했다.

지금이야 순례자들을 위한 편의시설이 곳곳에 있지만, 천 년이 넘는 시간 동안 순례길을 거쳐 간 사람들은 불편하고 힘든 길을 걸어야만 했을 것이다. 그럼에도 불구하고 장장 800킬로미터에 달하는 길을 걸을 수 있게 했던 원동력은 바로 믿음이자 기도의 힘이 아니었을까.

우리의 생활에서 믿음은 빼놓을 수 없다. 전 세계 인구를 따져봐도 종교를 가지고 있는 사람이 종교가 없는 사람보다 많다. 새해가 되면 전 세계 곳곳에서 성당, 교회, 절 등이 소원을 빌려는 사람들로 붐빈다. 기도는 특별한 때만 하는 것이 아니다. 일상 속에서 언제든지 기도할 수 있다. 종교가 없더라도 매일 아침이나 잠들기 전에 손을 모아 조상님들께 감사하는 마음을 전하는 것만으로도 충분하다. 무언가를 '믿는 것'은 우리를 강하게 만들어준다.

☑ 하루 중에 언제라도 좋으니 손을 모아 기도해보자. 무엇을 기도하든 믿음의 힘을 활용하자.

소울메이트와의 만남

○
○
○

　얼마 전 유튜브에서 '어부 피아니스트'라고 불리는 60대 일본 남성이 큰 화제를 모았다. 이 남성은 평생 어부로 일하다가 52세라는 늦은 나이에 피아노와 운명적으로 만났다고 한다. 우연히 TV에서 '파리의 피아니스트'라 불리는 후지코 헤밍Fuzjko Hemming이 연주하는 〈라 캄파넬라La Campanella〉를 듣고 크게 감명받아 '나도 이 곡을 연주하고 싶다'는 강렬한 충동에 휩싸인 것이다.

　그는 음대를 졸업하고 피아노 선생님으로 일하던 아내에게 도움을 청했지만, 아내는 "피아니스트들도 치기 어려운 곡"이라며 말도 안 되는 소리 말라고 만류했다. 하지만 그는 포기하지 않았다. 그동

정말 소중한 것과 이어지는 연습

안 취미로 하던 파친코마저 그만두고 일하는 시간을 제외한 모든 시간을 피아노 연습에만 매달렸고 마침내 〈라 캄파넬라〉 연주에 성공했다.

투박한 손으로 서툴게 연주하는 영상이 유튜브에서 폭발적인 조회 수를 기록하며 인기를 끈 덕분에 그는 한 방송에서 후지코 헤밍과 함께 공연도 하고, 이를 계기로 헤밍의 콘서트에 초청되어 연주를 선보이기까지 했다. 간절하게 바라던 꿈을 실현하게 된 것이다.

내게도 운명적 만남이 있었다. 스무 살 때 정부 기관에서 주최한 '세계 청년의 배'라는 국제 교류 사업에 참여했을 때의 일이다. 이 사업은 일본을 포함한 10개 국가에서 모인 18세에서 30세까지의 청년들이 함께 배를 타고 한 달여 동안 세계를 돌며 문화 교류와 토론을 하고 기항지에서 다양한 활동을 펼치는 국제 교류 프로그램이었다. 나는 이곳에서 운명적 상대를 만났다.

멕시코에서 온 참가자 중 한 명이었던 파우스트. 멕시코인과 아일랜드인 부모님 사이에서 태어난 그는 예술가인 어머니의 기질을 물려받아 여행과 음악을 좋아하는 지적인 청년이었다. 커다란 몸집에 곱슬머리를 허리까지 기르고 다녔던 파우스트와 나는 생김새도 성별도 국적도 무엇 하나 공통점이 없었지만 금세 친구가 되었다.

계속 붙어 있으면 이야깃거리가 바닥날 법도 한데 파우스트와는 대화가 끊길 새가 없었다. 갑판에서도 카페테리아에서도, 때로는 선내의 어두침침한 복도에서도 몇 시간이고 계속해서 이야기를 나누었다. 어떤 이야기를 해도 영어가 술술 튀어나와서 나 스스로도 놀랄 정도였다.

파우스트와 나는 서로를 이성으로 생각하지 않았다. 마치 영혼이 이어져 있는 것처럼 너무 잘 맞는 친구였다. 당시에 '소울메이트'라는 단어가 있었다면, 나는 아마 우리를 가장 잘 표현하는 말이라고 생각했을 것이다.

그가 멕시코로 돌아가면서 연락은 끊어졌지만, 파우스트와 외국어로 다양한 이야기를 나누었던 경험은 내게 자신감을 심어줬고, 이 듬해 네덜란드로 유학을 떠나는 데 중요한 역할을 했다. 그리고 이때 의 유학 경험은 내 삶 전체에, 또 일하는 방식에 어마어마하게 큰 영 향을 끼쳤다.

누군가의 삶이나 작품을 접했을 때 우리는 그 안에 깃든 영혼을 느낀다. 기백과 정열, 신념 그리고 상대가 겪어온 인생 역정까지 모 두. 누군가의 영혼은 또 다른 누군가의 영혼에 영향을 준다. 이렇게 우리는 서로 영향을 주고받으며 살아간다.

☑ 당신에게 찾아왔던 운명적 만남은 누구였는가? 영혼을 뒤흔드는 감동과 경 험을 주었던 사람이 있는지 떠올려보자.

뜻밖의 사람이 열어준 문

○
○
○

초등학교 때 있었던 일이다. 수업이 끝나고 친구와 집에 가고 있는데, 짙은 갈색 피부의 외국인 남성이 자전거를 타고 엄청난 속도로 우리 옆을 지나쳐 갔다. 요즘은 어디서든지 외국인을 쉽게 만날 수 있지만, 30년 전만 해도 길에서 외국인을 본다는 건 흔치 않은 일이었다. 게다가 더욱 놀랍게도 그 외국인이 다시 우리 쪽으로 돌아오더니 대뜸 말을 거는 게 아닌가!

다행히 그때 같이 있던 친구가 외국에서 살다 와서 영어를 잘했기에 망정이지 나 혼자였다면 지레 겁을 먹고 도망쳤을 게 뻔했다. 친구가 말하길 이 외국인이 혹시 지금 시간이 있냐고 물어봤단다. 이유가 뭔가 하니, 글쎄 우리에게 영어를 가르쳐주고 싶다는 것이다.
뜬금없었지만 그 남성은 미국에서 온 여행자로 세계를 여행하다가
돈이 떨어지면 머무르고 있는 나라의 영어학원에서 단기 아르바이
트를 하며 돈을 번다고 했다.

돌이켜 생각하면 왜 그랬는지 도무지 이해할 수 없지만, 그때 나
와 친구는 그의 제안에 얌전히 고개를 끄덕였다. 내 인생에서 꽤나
인상 깊은 순간이었음에도 도통 그의 이름이 떠오르지 않아, 편의상
그를 '밥'이라 부르겠다.

외국인 남성과 초등학생 여자아이 둘이라니 누가 봐도 수상한 조
합이었지만, 어쨌든 우리는 함께 근처에 있는 패밀리레스토랑에 들
어가 밥에게 영어를 배웠다. 무사히 수업이 끝난 다음에는 다음 수업
을 약속하고 헤어졌고, 그렇게 우리의 기묘한 영어 수업은 한동안 계
속되었다.

친구는 몇 번 나오더니 시시했는지 더는 오지 않았지만, 나는 밥

과의 약속을 지켜야 한다는 책임감과 더불어 그저 영어 공부가 재밌기도 해서 꼬박꼬박 수업에 나갔다. 하루는 밥에게 물었다. 그날 왜 우리에게 말을 걸었냐고. 그러자 밥은 "그냥 너희에게 영어를 가르치고 싶었거든"이라고 대답한 후 나를 안심시키기 위해서인지 "정말 그게 다야. 다른 뜻은 없었어"라고 덧붙였다.

물론 두려운 마음이 전혀 없진 않았다. 초등학생이 낯선 외국인과 단둘이 수업이라니 당연히 떨리고 무서웠다. 하지만 많은 사람이 드나드는 패밀리레스토랑이기에 안심할 수 있었고, 어린 마음에도 이 수업이 나에게 좋은 일이라는 걸 느끼고 있었기에 계속 공부를 했던 것 같다. 영어 공부는 정말 재밌었고, 실력이 늘 때마다 칭찬을 아끼지 않던 밥 덕분에 영어가 좋아졌다.

밥과의 마지막 만남이 언제였는지는 정확히 기억나지 않는다. 스마트폰도 없던 시절이라 그와 연락할 방법도 마땅히 없어서 우리의 수업은 흐지부지 끝나버렸다. 작별인사도 제대로 하지 못해 아쉬웠지만 '밥은 또 어딘가로 여행을 떠났을 거야'라고 생각하니 한결 기분이 가벼워졌다.

지금쯤 그도 50대 아저씨가 되었으려나. 어딘가에서 건강하게 지내고 있기를 바라본다. 나와는 전혀 다른 색의 눈동자. 문제를 맞히면 큰 소리로 칭찬해주던 웃음소리와 입술 사이의 하얗고 고르던 치아. 수업이 끝날 때마다 악수를 청하던 손과 그 손을 마주 잡았을 때의 감촉이 지금도 생생하다.

영어를 배우고 나는 더욱더 넓은 세계로 나아갈 수 있었다. 밥은 놀람과 모험으로 가득했던 초등학생 시절의 내게 가능성이라는 문을 열어주었다. 밥은 지금의 나를 만들어준 소중한 은인이다.

☑ 지금까지 살아오면서 내게 새로운 길을 열어준 사람들을 떠올려보고, 그들에게 감사의 인사를 전해보자.

정말 소중한 것과 이어지는 연습

스스로를 용서하기

○
○
○

사람에게는 누구나 홀로 자립하고 싶고, 누구에게도 자신의 영역을 침범당하고 싶지 않은 욕망이 있다. 그러나 또 한편으로는 다른 사람과 깊은 관계를 맺고 싶은 욕망 또한 존재한다. 누군가와 깊은 관계로 이어지는 경험은 무엇과도 바꿀 수 없는 기쁨이기도 하다.

내게는 십 년이 넘는 세월 동안 연락하고 지내는 멘토가 있다. 회사원이던 시절 프리랜서가 되겠다는 마음 하나로 한창 다양한 세미나와 강연회를 들으러 다니면서 만난 사람이다. 직접 만나기 전까지 그에 대해 전혀 몰랐지만, 친구의 추천으로 그의 강연을 듣게 된 순간 나는 직감적으로 알 수 있었다. 지금 내 눈앞에 있는 저 사람이 바로 내가 찾던 사람이라는 사실을.

그날로 그는 나의 멘토가 되었다. 출간된 그의 책을 모두 다 읽고, 그가 가는 곳이라면 어디든 찾아가서 이야기를 나누었다. 그러다 보니 어느새 개인적인 고민까지 상담하는 친밀한 사이가 되었다. 프리랜서가 된 후에도 계속 연락하며 지냈는데, 시간이 지나면서 조금씩 그에 대한 불만이 샘솟기 시작했다. 특히 그에게서 불완전한 부분이 보이면 걷잡을 수 없는 실망감이 밀려들었고, 배신감까지 들었다.

그 후로는 그에게 뼈아픈 지적을 들으면 반항심이 솟구치기도 했다. 결국 나는 메일로 그동안 쌓아두었던 불만을 잔뜩 써서 보내버렸다. 메일을 보낸 직후에는 후련하고 스스로 잘했다는 생각까지 들었다. 하지만 얼마 못 가서 내가 정말 잘하고 있는 건지 불안해졌다. 이러지도 못하고 저러지도 못한 채 초조해하고 있는데, 메일을 보낸 지 10분 만에 그에게서 답장이 왔다.

그에게 이렇게 빨리 답장을 받을 거라 생각하지 않았기에 메일을 열기까지 한참을 망설였다. 마침내 그의 메일을 열어 내용을 보고 나는 한참을 울었다. 매번 이런저런 일로 귀찮게 하면서 이제는 불만까지 가득한 나에게 실망하고 비난할 거라 예상했는데, 그는 전혀 그렇지 않았다. 그가 보낸 답장에는 내 의견에 대한 반론이나 변명은 한마디도 없이 온통 친절한 말들뿐이었다. 내가 상처받았던 일이나 슬펐던 일들에 대한 진심 어린 위로로 가득했다.

어른이 된 후 소리 내어 운 적이 있던가. 그날 나는 어린아이처럼 소리 내어 엉엉 울었다. 그리고 비로소 나의 진심을 알았다. 나는 그저 누군가가 내 마음을 알아주기를 바랐던 것이다. 그리고 그는 이런 내 마음을 들여다보기라도 한 듯 오롯이 내게 필요한 말들만 가득 담아서 답장을 보내왔다.

완벽한 사람은 없다. 상처받은 나도, 미숙한 나도, 이런 나를 모두 포용해주는 멘토도 절대 완벽할 리 없다. 누구에게나 흑과 백이 있고 때로는 회색인 부분도 존재한다. 당신도 완벽하지 않다.

누구나 머릿속으로는 바람직한 인간성을 갖추고 이상적인 생활을 누리며 사회적으로 인정받는 완벽한 자기 모습을 꿈꾼다. 하지만 완벽과 거리가 먼 자신의 실제 모습에 슬퍼하고 좌절하는 날도 있다. 바로 그럴 때 우리에게 용서가 필요하다. 나는 멘토와의 그 일을 통해 겨우 깨달을 수 있었다.

자기 자신을 용서하고 다른 사람을 용서하자. 나는 미성숙하고 부족한 과거의 나와 현재의 나를 용서한다. 그리고 나와 마찬가지로 완벽하지 않은 누군가도 용서한다. 용서하면 할수록 당신의 마음에 박힌 가시가 하나둘 빠져나가면서 홀가분해질 것이다.

가뿐해진 마음으로 당신은 무엇을 하고 싶은가?

☑ 완벽하지 않은 나를 스스로 용서하자. 과거의 나와 현재의 나, 그리고 누군가의 용서할 수 없는 점을 써보고 하나씩 지워 나가자.

정말 소중한 것과 이어지는 연습

나가는 말

마지막 연습, 그리고 당신에게 꼭 해주고 싶은 말

지금까지 함께해준 당신에게 꼭 해주고 싶은 말이 있다. 마지막 연습이라고 생각하고 잠시만 더 함께해주면 좋겠다.

내가 처음 SNS를 그만두고 나를 둘러싼 인간관계와 업무, 인플루언서로서의 사회적 지위 등 모든 것에서 벗어나려 했던 것은 '들어가는 말'에서 언급했던 세 가지 이유 때문이었다. 하지만 시간이 지난 후 돌이켜 생각하니 당시 나에게 진짜 필요했던 건 '나 자신과 마주하는 시간'이었다.

나는 SNS를 진심으로 사랑했다. 이것저것 잴 필요 없이 모르는 사람과 이어질 수 있어서 기뻤다. 직장인일 때는 생각도 못 했던 기회를 잡게 되어 흥분했고, 나를 표현할 수 있는 공간이 있다는 사실에 매일 감사했다.

계속해서 그렇게 좋은 일만 있을 줄 알았는데, 시간이 갈수록 생판 모르는 사람들로부터 친구 요청을 받고 대중으로부터 과도하게 주목받는 일이 부담스러워졌다. 매일같이 날아드는 인생 상담 요청에서 벗어나고 싶었다. 매사에 트집잡힐 만한 일은 없는지 걱정하느라 활달하고 느긋하던 원래 내 모습도 잃어버렸다. 결국 '이러려고 SNS를 시작했던 게 아니었는데…'라며 후회하는 시간만 점점 늘어갔다.

SNS를 시작할 때 느꼈던 기쁨과 흥분과 감사함은 여러 우여곡절과 인간관계를 겪으며 어두운 감정으로 변했고, 점점 더 짙은 어둠으로 모습을 바꾸어 내 세계를 전부 집어삼켰다. 그래서 나는 그 어둠으로부터 도망치고 싶었다.

우리가 사는 세상은 마주 보고 있는 '거울'과 같다. SNS나 인간관계로 만들어진 세계는 내 마음 상태를 그대로 비춘다. 스스로 인정하고 싶지 않은 부분은 물론 깊숙하게 숨겨두었던 마음속 폭탄이나 도저히 용서할 수 없는 부분까지 그대로 보여준다. 심지어 연결이 늘어나면 늘어날수록 거울의 수도 함께 늘어난다.

도대체 왜 이렇게까지 SNS와 인간관계가 나를 괴롭게 하는 걸까. 그것은 아마도 거울의 수가 많아질수록 자신의 마음속에 숨겨놓은 채 외면하고 있던 것들과 어쩔 수 없이 마주해야 하기 때문일 것이다. 그러나 SNS를 그만두더라도 다른 사람과의 연결고리가 남아 있는 한, 아니 우리가 자기 자신과 이어져 있는 한 이러한 괴로움이나 고민으로부터 완전히 벗어날 수는 없다.

연결을 끊는 것은 임시방편에 불과하다. 물론 과거의 내가 그랬듯이 한 번쯤은 도망치는 것도 방법이다. 하지만 당신이 SNS를 끊더라도 각종 미디어가 당신에게 끊임없이 정보를 전달할 것이다. 누군가와 거리를 두더라도 새로운 사람이 계속해서 나타나기 마련이기에 결코 인간관계 자체가 사라지는 일은 없을 것이다. 이 세상에 존재하는 온갖 상식에 얽매인 채로는 당신의 세계는 넓어질 수 없다. 그리고 당신이 부정적으로 반응할 때마다 즐거움과 만족감을 느끼는 마음의 센서는 점점 더 둔감해질 것이다.

나는 이 책에서 항상 당신의 편에 서서 당신의 괴로움과 고민을 이해하고, 당신이라는 존재 자체를 긍정하기 위해 애썼다. 그렇지만 당신과 당신의 마음이 변하지 않으면 결국 아무것도 바뀌지 않는다. 다른 사람의 말을 받아들이는 방식이나 사고방식이 바뀌고, 정보를 자신의 기준에서 판단하고 선택할 수 있어야 비로소 거울에 비치는 세계도 변할 것이다.

SNS와 각종 정보, 그리고 사람들과 '이어지지 않는 시간'을 가졌던 경험은 나 자신과 마주하고 마음이 편안해지는 소중한 시간이었다. 그리고 그 시간은 '나를 용서하는 여행'이기도 했다. 나는 과거의 내가 저질렀던 잘못이나 미숙한 행동을 용서하고 사랑하는 마음을 표현하지 못했던 나 스스로를 용서했다. 그리고 수치심과 자기혐오라는 괴로움으로부터 도망치지 않고 그것을 똑바로 마주했다. 그렇게 내 마음속에 자리 잡고 있던 폭탄을 하나씩 하나씩 없애고 나서야 비로소 나 자신을 진심으로 사랑할 수 있게 되었다.

내 마음속에는 커다란 사랑이 존재한다. 미처 몰랐을 뿐 사랑은 항상 같은 곳에 있었다. 나는 언제나 내 나름의 형태로 다른 사람과 사회를 사랑하고 있었다. 나 자신이 얼마나 소중한 존재인지 스스로 알게 되었을 때, 우리의 눈에 비치는 세계는 과연 어떤 모습을 하고 있을까? 당신도 꼭 한번 상상해보기를 바란다.

유토피아는 멀리 있지 않다. 앞으로 잘하겠다는 다짐은 하지 말자. 멋진 세계는 바로 지금부터 스스로 만들어가는 것이다.

나가는 말

잠시만 끊어보자고요

1판 1쇄 인쇄	2022년 11월 28일
1판 1쇄 발행	2022년 12월 08일

지은이	안도 미후유
옮긴이	송현정

펴낸이	김봉기
출판총괄	임형준
편집	안진숙, 김민정
교정교열	김민정
디자인	호우인
마케팅	선민영, 최은지

펴낸곳	FIKA[피카]
주소	서울시 서초구 서초대로 77길 55, 9층
전화	02-3476-6656
팩스	02-6203-0551
홈페이지	https://fikabook.io
이메일	book@fikabook.io
등록	2018년 7월 6일(제2018-000216호)

ISBN	979-11-90299-72-5

피카 출판사는 독자 여러분의 아이디어와 원고 투고를 기다리고 있습니다.
책으로 펴내고 싶은 아이디어나 원고가 있으신 분은 이메일 book@fikabook.io로 보내주세요.